Anglizismen

und andere

„Fremdwords"

deutsch

erklärt

„GUIDE" ZU ÜBER
1000 BEGRIFFEN

BIBLIOGRAFISCHE INFORMATION DER
DEUTSCHEN NATIONALBIBLIOTHEK:
DIE DEUTSCHE NATIONALBIBLIOTHEK
VERZEICHNET DIESE PUBLIKATION IN DER
DEUTSCHEN NATIONALBIBLIOGRAFIE; DETAILLIERTE
BIBLIOGRAFISCHE DATEN SIND IM INTERNET
ÜBER WWW. DNB.DE ABRUFBAR.

© HEINZ C. PÜTZ
HERSTELLUNG UND VERLAG;:
BOD-BOOKS ON DEMAND, NORDERSTEDT
ISBN: 978-3-7448-3441-4

INHALT

Denglisch ist mittlerweile eine zusätzliche Sprache geworden. Keiner kann vermeiden, überall unbekannte englisch-fundierte Begriffe zu hören oder zu lesen. Aber auch andere Begriffe, die nicht deutschen Ursprungs sind, erscheinen wegen der internationalen Durchmischung häufiger als früher.

Oft ignoriert man diese oder verhält sich so als ob man weiß „wo die Glocken hängen". Besser ist es allerdings, im globalen Umfeld mitzuspielen und zumindest zu wissen, was gemeint ist.

In diesem Sinne möchte die vorliegende Zusammenstellung eine kleine Hilfe sein.

Es handelt sich nicht um ein umfassendes Lexikon, sondern enthält eine Auswahl von Begriffen mit kurzen und prägnanten Erklärungen.

Viel Spaß beim Lesen!

Heinz C. Pütz

A

Access	Zugriff, Zugang zu einem Objekt
Access Point	Ein Computer der den Zugang zu einem lokalen Netz von Rechnern vermittelt
Account	Benutzerkonto (vor allem im Internet), Nutzungsrecht, Zugangsberechtigung zu Onlinediensten u.ä.
Accountant	Wirtschaftsprüfer
Acquisition	Übernahme (von Unternehmen bzw. Unternehmensteilen) oder auch Kundengewinnung,
Add-On	Hilfsprogramm, das Zusatzfunktionen in bestehenden Anwendungen ermöglicht. (z.B. Mediaplayer-plugin, das Filme/Sound abspielt)
Adult-Check	Filter-System zur Sicherstellung der Volljährigkeit, z.B. beim Surfen in Internet-Pornoseiten
Adventure	Abenteuer (z.B. bei Reiseangeboten)

Aftertouch	Kein Begriff aus dem Sexualbereich, sondern: Der richtige Griff bei einem Keyboard. Hiermit kann man Sounds durch Nachdrücken der Keyboard-Tasten modulieren.
Agenda	Tagesordnung (z.B. einer Veranstaltung oder Sitzung); hat nichts zu tun mit der Agenda 2010, die von der SPD initiiert wurde..
Agreement	Zustimmung zu einem Sachverhalt
Alien	Sehr seltenes Objekt: Außerirdischer
Allroundman	Mann für alle Fälle: Alleskönner, vor allem im handwerklichen Bereich
Alter Ego	Kunstfigur mit Bezug zu einer real existierenden Person
Annex	Beigefügte Unterlage oder angefügter Text
Announce-ment	Ankündigung, Bekanntmachung
Annual report	Jahresbericht (z.B. eines Unternehmens)
App	Kurzform für *"Application Software"*, das kleinere Anwendungsprogamme z.B. auf Computern u. Smartphone bezeichnet, die für diverse Zwecke eingesetzt werden können

Appease-ment	Begriff aus dem politischen Bereich: Beschwichtigung, Nachgiebigkeit (auch im Zusammenhang mit „Beschwichtigungspolitik" verwendet)
Appointment	Ernennung oder Ankündigung
Approach	Vorgehensweise bei einer Aktivität oder Ansatz, um ein Objekt zu verwirklichen
Arrival	Ankunft (Züge, Flüge)
Art director	Kreativer Spezialist und keine „Art von Direktor", meist in einer Werbeagentur
Artificial Intelligence	Nichtmenschliche Intelligenz, wenn diese mithin nicht natürlichen Ursprungs ist (z.B. bei Robotern) / Macht den Menschen irgendwann überflüssig! ?
Assembler	Computerprogramm, das eine sog. Assemblersprache in Maschinensprache übersetzt
Assessment center	Beurteilungszentrale" (Hier werden Bewerber für eine Tätigkeit bei einem Unternehmen streng unter die Lupe genommen, meist zusammen mit anderen Jobinteressenten)
Asset Backed Securities	Wertpapiere, die durch Ausgabe von Anteilen an Vermögenspositionen, z.B.Forderungen aus Lieferungen und Leistungen, entstehen.

Assets	Vermögen (z.B. Werte, die auf der Aktivseite einer Bilanz stehen)
Association	Wirtschaftliche Gesellschaft
Atomizer	Zerstäuber bei einem Parfumprodukt (Wenn Sie in der Parfümerie auf eines der Probefläschchen drücken entsteht eine atomare Reaktion oder nicht!)
Attachment	Anhang (z.B. bei Brief oder E-Mail)
Audit	Anhörung
Auditor	Qualifizierter Experte für Prüfvorgänge: Rechnungsprüfer, Wirtschafts- oder Qualitätsprüfer
Auto preset	System bei elektronischen Geräten zur selbstständigen Regulierung von Funktionen
Autozoom	Hat nichts mit dem Auto zu tun, sondern ist die automatische Schärfeeinstellung einer Kamera
Available	Synonym für „erhältlich"
Award	Preisauszeichnung

B

Baby Bonds	Kleinschuldverschreibungen
Baby Face	Boxweltmeister haben es nicht: ein Milchgesicht
Bachelor	Erste Stufe eines Hochschulabschluss
Background	Wenn jemand einen großen Background hat, dann ist Hintergrund vorhanden.
Back office	Organisatorischer Bereich einer Organisation, der mehr im Hintergrund arbeitet
Backstage	Räumlicher Bereich bei Veranstaltungen, der nur für besonders Berechtigte zugänglich ist
Back to the roots	„Zu den Wurzeln zurück," d.h. sich auf die Anfänge einer Sache besinnen
Backup	Sicherheitskopie / Kopieren von Daten, um bei Datenverlust diese zurückzubekommen.

Balanced Scorecard	Umfassendes Kennzahlensystem, um ein Unternehmen besser zu führen
Ballooning	Ballonfahren (in Fachkreisen unbeding „fahren" und nicht fliegen sagen!)
Banner	Werbeobjekte auf Internetseiten
Bar Code	Hat nichts mit einer Bar zu tun: Streifencode auf jedem Produkt im Handel, der an der Kasse über Laser eingelesen wird
Barrel	Volumenmaß für eine bestimmte Ölmenge (159 Liter)
Bashing	Etwas oder eine Person „schlechtreden" / Üble Nachrede
Basics	Grundlagen, wesentliche Elemente einer Sache oder Dienstleistung
Batch	Fachbegriffe aus dem Softwarebereich / Methode, um mehrere Dateien zu bündeln, und sie dann alle auf einmal aus dem Netz herunter zu laden.
Beamer	Gerät zur Projektion von Inhalten über einen Laptop, Computer oder einer Kamera
Benchmark	Der beste Wert in einem Bereich, der für einen Vergleich herangezogen werden kann (z.B. bei der Unternehmensbewertungen oder sonstigen Leistungen)

Benefit	Gut, wenn man den hat: Vorteil, den eine Aktivität bringt
Best practice	Bewährtes, optimales Verfahren (meist in einem betrieblichen Arbeitsprozess), das sich auch zum Vergleich eignet
Big Deal	Großes lukratives Geschäft
Big five	Bezeichnung für die 5 größten Wildtiere in Afrika (Elefanten, Nashörner, Büffel, Löwen, Leoparden)
Bike point	Von Fahrradhändlern gebrauchte Bezeichnung für ihren Shop
Bios (basic input and output system)	Dieses steuert das Zusammenspiel zwischen Betriebssystem und einzelnen Hardwarekomponenten
Bit oder byte	Die kleinste Informationseinheit, die ein Computer darstellen kann
Bitmap	Dateiformat bei Computerbildern
Black box	Flugschreiber
Black-facing	Erreichen eines dunkelhäutigen Aussehens durch Schminken einer hellhäutigen Person
Black out	Kräftiger „Durchhänger" (Wenn man z.B. allzu viel mit seiner Arbeit „verbrüdert"t war

Blind date	Durch Dritte arrangierte Verabredung zwischen zwei Personen, meist unterschiedlichen Geschlechts, die sich vorher nie getroffen haben - kann sehr aufregend sein!
Blockbuster	Kassenschlager, erfolgreiches Produkt
Blog, bloggen	Webseite, auf dem (meist nur) eine Person, vorwiegend eigene Beiträge niederschreibt./ Vorgehen heißt „bloggen"
Blue chip	Erfolgreiche Aktie
Bluetooth	Industriestandard für die drahtlose Vernetzung von elektronischen Geräten über eine kurze Entfernung
Board case	Tasche, die man ins Flugzeug mitnehmen kann
Boarding	Einsteigen in ein Flugzeug
Boat people	Flüchtlinge, vorwiegend aus armen Ländern, die per Boot Asyl suchen.
Bodybag	Leichensack (z.B. von gefallenen Soldaten)
Body guard	Schutzengel mit starken Armen, damit der VIP (s. dort) nichts passiert.
Body lotion	Öl oder Creme, die einen Body noch geschmeidiger machen soll

Body check	Leibesvisitation
Bonus track	Zugabeeinheit (z.B. bei CDs)
Booking	Buchung
Bookmark	Lesezeichen, Methode, um die Adresse von Webseiten (sog. URL) zu speichern
Book on demand	Buch, das nicht in hoher Auflage, sondern in kleineren Mengen - je nach Bedarf - gedruckt wird
Boom	Deutlicher Aufschwung (z.B. beim Verkauf von Produkten)
Booster	Zusätzlicher Verstärker
Booten	Laden eines Computer-Betriebssystems, z.B. nach dem Start.
Bottleneck	Wörtlich: Flaschenhals / Gemeint ist ein möglicher Engpass durch den ein Vorgang muss und der möglicherweise mit Schwierigkeiten verbunden ist
Brain-storming	Freier Gedankenfluss (Sturm im Hirn), um auf neue Ideen zu kommen / Wird oft in kreativen Unternehmen bei speziellen Sitzungen für die Erarbeitung von Innovationen genutzt.
Brain-washing	Hiervor sollten Sie sich hüten: Gehirnwäsche

13

Brain trust	Beratungsgremium
Branch office	Zweigniederlassung einer Firma
Branding	Bei Unternehmen ist dies die Bezeichnung für Aufbau und Namensprägung von Marken oder Firmennamen, um bei den Verbrauchern zu punkten
Brand name	Markenname
Break-even point	Gewinnschwelle für eine Firma beim Verkauf von Produkten oder Dienstleistungen (erst ab diesem Wert sind die Kosten gedeckt und beginnt ein Ertragsplus
Breaking news	Letzte aktuellste Meldung
Briefing	Eine zusammenfassende konkrete Unterweisung über einzelne Maßnahmen, die getan werden müssen (z.B. Aufgaben für eine Werbeagentur)
Broad-casting	Ausstrahlung von Rundfunksendungen
Broker	Makler (z.B. für Versicherungen oder Immobilien)

Browser	Programm zur Bewältigung der Internetinformationen, mithin ein Internet-Verwaltungs-Programm (z.B. Internet Explorer)
Brunch	Zunehmend beliebte Bezeichnung für ein meist ausgedehntes Essen am späten Vormittag bis frühen Nachmittag
Bulk	Große Masse
Bullshit	Womit Sie sich als Leser nie beschäftigen solltren: Mist, Schund
Burnout	Zustand des Ausgebranntseins, bzw. einer massiven Erschöpfung nach Überanstrengung
Business to Business (B+B)	Fachbegriff für Geschäfte zwischen einzelnen Unternehmen
Business to customers (B+C	Fachbegriff für Geschäfte zwischen Unternehmen und Privatlpersonen
Buttons	Buttons sind grafische Navigationspunkte auf dem Computerbildschirm.

C

Cache	Speicherbereich im PC, auf den sehr schnell zugegriffen werden kann
CAD	Kurzform für „Computer aided drawing oder „computer aided design" / Computerunterstütztes Zeichnen/Entwerfen
Call-back-Verfahren	Rückrufverfahren (bei fehlerhaften Erzeugnissen)
Call by call	Sparvorwahl für Telefongespräche
Call-by-click	Serviceleichtes Telefonieren
Callcenter	Anlaufstelle für Telefonate bei größerei Unternehme / Hier versuchen sprachlich geschulte Mitarbeiter die Anrufer zu informieren oder zu „beruhigen
Callgirl	Auf Abruf bereit: Prostituierte
Camcorder	Videokamera mit eingebautem Videorecorder

Canceln	Etwas beenden (z.B. einen Vertrag oder einen Termin)
Canyoning	Da wird es schon mal ungemütlich, wenn man im unruhigem Wasser mit dem Boot fährt!
Car flag	Autofähnchen
Carrier	Transporter für Warengüter
Carry away	Zum Mitnehmen"
Carsharing	Gemeinschaftliche Nutzung von Automobilen
Carving	Schnitzereiartikel
Case Management	Bündelung aller Aktivitäten eines Bearbeitungsobjektes – wie z.B. bei einem Krankheitsfall im Krankenhaus - in einer leitenden Stelle.
Cash	Gemeint ist meist Barzahlung (was die meisten Lieferanten besonders lieben)
Cash-and-carry	„Bezahlen und Abholen" / Bezeichnung für Abholmarkt oder Verkäufer-Kunden-Beziehung, bei dem Barzahlung üblich ist
Cash flow	Indikator und Kennzahl für die Finanzierungskraft eines Unternehmens / Wenn er hoch ist, stimmt die Kasse

Casting	Kritische Prozedur bei der Auswahl von geeigneten Schauspielern, Fotomodellen etc.
Casual Sex	Gelegenheitssex ohne feste Bindung
Casualwear	Klamotten, die man in seiner Freizeit anzieht
Catering	Verpflegung (meist durch Großküchen)
CD-ROM (Compact Disc - Read Only Memory)	Speichermedium, auf dem Informationen auf einer Scheibe digital aufgezeichnet werden
Chairman	Einer, der auf einem besonderen Stuhl sitzt, nämlich dem Chefstuhl / Vorsitzender, Geschäftsführer u.ä.
Challenge	Herausforderung, der man sich als Person oder Firma stellen kann
Champion	Jemand, Verein etc. der sich in der Topklasse befindet,
Champion league	Topliga, z.B. im Fußball
Change management	Verantwortliche Leitung für die Bewältigung von Veränderung in Unternehmen oder anderen Organisationen

Chart	Diagramm, Schaubild (z.B. für Verwendung bei einem Vortrag)
Chatten	Informationen per Internet austauschen durch „hin und her" mailen
Chearleader	Sportlich attraktive junge Damen, die meist vor Beginn eines Fußballspiels die Zuschauer mit Darbietungen unterhalten
Checkpoint	Kontrollpunkt (berühmt war der Checkpoint Charly an der Grenze West-/Ostberlin)
Chicken wing	Hähnchenflügel
Chief executive Officer	Auch als Kurzbezeichnung „CEO" der oberste Boss (z.B. Generalmanager, Geschäftsführer, Vorsitzender)
Chillen	Sich entspannen und eine Ruhepause gönnen
Chip	integrierter Baustein, der zahlreiche elektronische Einzelelemente enthält
CityCall	Ortsgespräch
Claims	Vielfach sind hiermit Werbeslogans gemeint
Clearing	Im Verrechnungsverkehr (meist bei Kreditinstituten) / Abklärung von Informationsangaben

Clipart	Vorgefertigte Bilder aus diversen Bereichen, die man in Dokumente oder Webseiten übertragen kann
Closing	Abschluss einer Transaktion, wie z.B. die Übernahme einer Firma
Cloud computing	Bereitstellung von IT-Infrastruktur wie z. B. Speicherplatz über das Internet
Cluster	Verbund von Einzelteilen, „Klumpen", zusammenhängende Einheit
Coach	Trainer, Ausbilder, Betreuer
Coaching	Individuelle Beratung und Betreuung von Personen, Vereinen oder Firmen
Cocktail party	Stehempfang
Coffee to go	Hat nichts mit Togo zu tun: Kaffee zum Mitnehmen
Coin	Münze
Cold call	Unaufgeforderte Anrufe von Werbetreibenden bei Privatpersonen oder Firmen, die meist lästig und nicht erlaubt sind
Collectible	Objekte zum Sammeln, vielleicht auch als Souvenir mitzunehmen
Collection	Meist Sammlung von Geld / "Art collection" ist z.B. eine Kunstsammlung

Comic-Strip	Hat mit Strippen nichts zu tun, sondern ist eine Sequenz von mehreren Einzelbildern bei einer entsprechenden Bildserie.
Coming out	Einführung in die Gesellschaft, aber auch evtl. öffentliches Bekenntnis zur Homosexualität
Coming together	Meist angenehmes Zusammenkommen einer Gruppe
Commitment	Ein ehrlich gemeintes Bekenntnis
Commo- dities	Rohstoff- und Warenhandel, der meist auf einer Börse erfolgt
Common sense	Gesunder Menschenverstand, der bei den meisten Bürgern vermutet wird
Community	Gemeinschaft (z.B. auch die eines Internetforums)
Compiler	Begriff aus dem IT-Bereich: Übersetzungsprogramm, das ein in einer höheren Programmiersprache geschriebenes Programm in Maschinensprache übersetzt
Compliance	Einhaltung von Gesetzen und Richtlinien in Unternehmen.
Conditioner	Hilfsmittel zum Festigen, Stabilisieren oder auch Verbessern (wie z.B. Air conditioner)

Connection	Verbindung mit anderen Personen ode Sonstgen, die einem evtl. hilfreich sein können (gut, wenn man die hat)
Consulting	Beratung über geschäftliche Verbesserungsmöglichkeiten
Content	Inhalt
Content management	Gestaltung und Service von Internetseiten
Controlling	Funktion im Rechnungswesen, die Soll und Ist (z. B. bei Einnahmen u. Ausgaben, Kosten etc.) vergleicht, um Ertrag und Liquidität zu sichern
Cookie	Eine Information, die ein Web-Server bei einem Nutzer des Programms ablegt.
Copy right	Urheberrecht an einem schriftlichen oder künstlerischen Werk
Core competence	Kernkompetenz
Corporate design	Einheitliches, unverwechselbares visuelles Erscheinungsbild (z.B. Logo)) von Firmen oder Institutionen
Corporate Governance	Hierunter ist die verantwortungsvolle, auf langfristige Steigerung des Unternehmenswertes ausgerichtete Unternehmensführung zu verstehen

Corporate identity	Werblich gleiches Erscheinungsbild eines Unternehmens (z.B. gleiches Firmensymbol, Farbe u.ä.)
Count down	Start
Counter	Tresen, Bankschalter, Ladentisch
Cover	Titelseite eines Buches oder Magazins oder auch Umschlag
Crash-course	Schnelllehrgang (wo es im Hirn krachen muss), um mit wenig Zeit viel zu lernen
Crash test	Prüfung, wie sich ein Objekt beim Aufprall verhält (Pflicht der Hersteller bei Kraftfahrzeugen)
Cross-selling	Beim Vertrieb eines Unternehmens der Versuch, auch andere Produkte aus dem Angebot den Kunden zu verkaufen
Crowd-funding	Form der Finanzierung durch viele Beteiligte (
Cruise missile	Marschflugkörper im militärischen Bereich
Cursor	Positionsanzeiger auf dem Monitor eines Computers
Customer Journey	Entscheidungsprozess eines Kunden vor Kauf

Customer-service	Kundendienst
Customizing	Ausrichtung eines Unternehmens auf die Kundenbedürfnisse
Cybersex	Diverse Formen der Sexualität, die über das Internet „ausgelebt" werden können, wie z.B. Surfen bei Pornoseiten, Runterladen von Sexfilmen, Chatten etc.
Cyberspace	Welt des Internets, bzw. der Online-Welt.

D

Daily Soap	„Seifenoper" / Endlosserien im Fernsehen
Database	Datenbank
Data-Mining	Systematisches Herausfinden von Informationen aus großen Datenmengen .
Data Warehouse	„Datenlagerhaus", / ein Datenbanksystem für die zentrale Datenhaltung von verschiedenen dezentralen Datenquellen
Deadline	(nicht unbedingt tödlicher) Schlusstermin / Stichtag für die Fertigstellung einer Arbeit
Deal	Vereinbarung oder Abkommen zwischen Parteien
Dealer	Im kaufmännischen Sinn ist dies ein Händler /. Der Begriff wird allerdings meist für Drogenhändler verwendet.
Declaration	Erklärung (meist öffentlich)

Decoder	Im technischen Sektor: Entschlüsseler, Umwandler
Deep Links	Verlinkung auf andere Internetseiten, die über die Homepage hinausgehen und einzelne Seiten betreffen
Default	Mehrdeutig: Meist Standardwerte oder Grundeinstellung eines Softwareprogramms.; es kann aber auch ein Zahlungsverzug sein
Deficit spending	Vorgehen, bei dem die staatlichen Ausgaben mit Schulden finanziert werden und nicht durch Einnahmen gedeckt sind
Delay	Verspätung, Verzögerung
Delivery	Lieferung einer Ware
Departure	Abfahrt
Designer food	Nicht unbedingt auch ein hübsch anzusehendes Nahrungsmittel, sondern etwas genmanipuliertes
Desk research	Forschung am Schreibtisch (im Gegensatz zur Feldforschung, die durch Außenarbeit gekennzeichnet ist)
Desktop	Arbeitsoberfläche, die beim Öffnen eines Betriebssystems (z.B. Windows) auf dem Bildschirm erscheint

Dialer	Programme, die zum Kassieren von meist hohen Telefon-Gebühren über das Internet geschaffen wurden
Dinkys = "Double Income, no Kids"	Eheleute ohne Kinder, die beide arbeiten und über genügend Kaufkraft verfügen.
Disease management	Professionelle Betreuung von chronisch kranken Personen
Dictionnary	Wörterbuch
Direct trade	Direkthandel (Im Gegensatz etwa zum Gross- oder Zwischenhandel)
Disclaimer	Erklärung auf Webseiten über Verantwortlichkeiten oder Haftbarkeiten (U.a. Distanzierung, von juristisch bedenklichen Inhalten)
Disengage- ment	Auseinanderrücken (z.B. in der Politik von gegnerischen Machtblöcken)
Display	Sichtbares Feld, das etwas anzeigt
Distribution	Verteilung von Waren
Diversifi- kation	Risikoverteilung
Docking- station	Koppeleinheit. die tragbare Geräte mit einem festen Netz verbindet

Documents against payment	Vereinbarung im Außenhandel: Die Dokumente erhält der Importeur erst nach Zahlung des vertraglich mit dem Exporteur vereinbarten Kaufpreises
Doggy bag	Kein Hundekoffer, sondern Restebehälter
Doggystyle	Sexstelluzng: „Wie es die Hunde machen"
Dolby™	(altes) Rauschunterdrückungssystem eines Anbieters gleichen Namens, der über die Patentrechte verfügt
Domain	Web-Adresse, wie z.B.: www.meyer.de Jedes Land hat eigene Endungen .Es gibt auch diverse andere Endungen. Eine komplette Domain kann weltweit nur einmal vergeben werden.
Doping	Verwendung von meist chemischen Mitteln zur Leistungssteigerung, im Sport leider nicht selten genutzt, aber streng verboten
DOS	Abkürzung für Disk Operating System Betriebssystem für PCs
Dot-com	Gemeint sind die Webseiten kommerzieller Anbieter, deren Internetadresse mit "com" endet.
DOW-Jones-Index	Aufstellung der Durchschnittskurse der 30 wichtigsten Aktien in den USA

Downloaden	Herunterladen aus dem Internet
Drag and drop	Vorgehen bei einem Computerprogramm zum Bewegen von Daten
Drive	Elan mit dem jemand etwas bewegt
Driver	Fahrer
Dropdown	Eine Dropdown-Liste ist Teil einer Benutzeroberfläche, die beim Anklicken eine Liste von Auswahlalternativen bietet.
DSL	Kurzform von „Digital Subscriber Line"/ Technik, die auf bestehende Telefonleitungen zusätzliche digitale Signale überträgt. Hierdurch kommen die Internetinfos schneller.
Dual core	Technische Innovation bei Computern mit zwei Prozessoren
Due dilligence	Eingehende Überprüfung eines Unternehmens bei einer Übernahme durch Kauf / Sachverhaltsprüfung
Dumping	Unterbieten des üblichen Preisniveaus im Markt, um Absatzvorteile zu erringen
Duty-free	Zollfrei (sehr begehrt von Touristen in Flughäfen bei Auslandsflügen)

E

Ebit (Earnings Before Interest and Taxes)	Fachbegriff aus dem Rechnungswesen: Ordentliches Betriebsergebnis vor Steuern und Zinsen
E-commerce	Geschäftsverkehr per Internet zwischen Verkäufer und Kunde
Egghead	Besonders intelligenter Typ, öfter mit einem glatten Kopf wie ein Hühnerei
Elder statesman	Bezeichnung für Politiker, die nach dem aktiven Dienst noch Bedeutung und Anerkennung genießen
E-mail	Übermittlung von Informationen per Internet
Emerging markets	Aufstrebende Märkte der sog. Schwellenländer (wie z.B. Indien))
Emergency exit	Was Sie hoffentlich sehr selten benutzen müssen; Notausgang im Flugzeug und anderswo

Employment	Situation in der jeder Arbeitnehmer bleiben möchte: Beschäftigung
Enhance-ment	Verstärkung (z.B. im Finanzsektor eine zusätzliche Sicherheit)
Enrichment	Anreicherung
Entrepre-neur	Manchmal verwendetes Synonym für Unternehmer
Environment	Umgebung, Umfeld
Equalizer	Technisches Element zur Entzerrung und Regelung der Frequenzen und des Klangs
Equipment	Ausrüstung
Equity	Eigenkapital eines Unternehmens
Equity Funds	Equity Funds - meist unter dem Begriff Private Equity Funds - sind Finanzanlage-Firmen, deren Zweck in der Übernahme von Beteiligungen an Firmen besteht,
Essentials	Die wichtigsten Dinge in einem Bereich
Establish-ment	Personenkreise, die sich in einer Gesellschaft fest eingenistet und etabliert haben („obere Kaste")
Evaluation	Beurteilung, Bewertung

Event	(ein meist besonderes) Ereignis
Eyecatcher	Etwas optisch besonders Auffallendes (z.B. im Schaufenster von Geschäften oder in Werbeprospekten), um bei potenziellen Käufern zu punkten
Executive Manager	Verantwortliche Person, die praxisorientierte Aufgaben durchführt (z.B. als Direktor)
Exhibition	Ausstellung

F	
Face check	Softwareelement, das automatische Gesichtserkennungen ermöglicht
Face-to-face	„Unter vier Augen" (ernstes Gespräch meist bei wichtigen und heiklen Verhandlungen)
Facility management	Durchführung von diversen Arbeiten. die vor allem mit Haus und Hausverwaltung zu tun haben
Factoring	Ankauf von Forderungen aus Warenlieferungen oder Leistungen durch Spezialinstitute
Fair	Im gewerblichen Bereich ist eine Messe/Ausstellung gemeint (z.B. Automobile Fair)
Fake News	Falschmeldungen, die als Wahrheit angeboten werden und sich überwiegend im Internet, insbesondere in sozialen Netzwerken, verbreiten (Oft verwendet von Trump)

FAQ	Abkürzung für „Frequently asked questions" (Auf deutsch: „ HGF" = „Häufig gestellte Fragen")
Fashion	Was Frauen besonders anzieht: Mode (z,B, young fashion = junge Mode)
Fast food	Schnellgericht (z.B. McDonald's & Co.'
Feasibility Study	Durchführbarkeitsstudie (z.B. bei der Planung eines Investitionsvorhabens)
Feature	Meist ist damit ein Bericht oder eine Dokumentation über spezielle Themer (z.B. in der Presse oder in anderen Medien) gemeint
Fee	Gebühr
Feedback	Reaktion auf Leistungen oderAngebote
Feeling	Gefühl (das Gespür für etwas, das manche haben oder auch nicht!)
File-Sharing	Herunterladen von Musik oder Filmen von Tauschbörsen aus dem Internet
Financial-analyst	Berater in finanziellen Angelegenheiter
Finger food	Kleine appetitlich servierte Häppchen, die man mit den Fingern greifen darf
Firewall	Software, die ungeliebte und ungewünschte Eindringlinge in den eigenen Computer unterbindet

Flash	Programm der Firma "Macromedia", mit dem Grafiken etc. animiert werden können,(
Flatrate	Pauschale Preisvereinbarung für Leistungen (z.B. Telefon, Handy)
Flipchard	Große Schreibtafel, die vor allem bei Vorträgen verwendet wird
Flat screen	Flachbildschirm
Floating	Wechselkurs-Schwankungen
Flop	Hiervor sollte sich Jeder in Acht nehmen: Misslungene Aktion
Freak	Begeisterter Anhänger
Flyer	Kleiner Werbeprospekt mit Infos über ein Produkt oder eine Dienstleistung
Focus	Brennpunkt, „im Blickpunkt"
Folder	Bezeichnung für einen Faltprospekt
Follower	Leserschaft und Abonnenten in einem sozialen Netzwerk wie z. Facebook
Food	Nahrungsmittel
Forecast	Vorhersage
Forfaitie-rung	Verkauf von Forderungsbeträgen an ein spezielles Kreditinstitut, das dann auch die Ausfallrisiken übernimmt

Forwarden	Weiterleitung eines E-Mails an andere Internetnutzer
Foul	regelwidriges Verhalten im Sport
Foundation	Stiftung| Gründung, Kuratorium, (wohltätiger) Verband
Fracking	Technisches Verfahren, das u.a. zur Förderung von Erdgas in tieferen Gesteinsschichten eingesetzt wird
Frame	Rahmen
Framework	Rahmenplan (z.B. zu einem Vertrag
Franchising	Geschäftsmodell, wobei ein Unternehmenskonzept von einem anderen Unternehmer gegen Lizenzgebühr übernommen wird
Free lancer	Freiberuflich Tätiger, der für besondere Aufgaben für begrenze Zeit engagiert wird
Freephone	Gebührenfreie Telefonnummer
Freeware	Kostenfreie Software, im Internet
Fresh money	Frischer Geldzufluss an ein Unternehmen (z.B. zur Verbesserung unzureichender Bonität und Liquidität)
Frontman	Kein Militärangehöriger, sondern der wichtigste Mann in einer Gruppe (z.B. einer Musikgruppe)

Frontpage	Titelseite
Front office	Der Teil eines Unternehmens, der für die Kunden sichtbar ist. (im Gegensatz zum Back office)
Fuck	Primäre Bedeutung: Verkehr zwischen zwei Partnern / wird auch verwendet als Synonym für „verdammt" oder „verflucht"
Full-logic	Ganz mit Logik ausgestattet, vollautomatisch (z.B. eine Waschmaschine)
Full time	Leistung mit vollem Zeiteinsatz (z.B. Fulltime-Job)
Functional food	Lebensmittel mit einem Zusatznutzen, der über den ernährungsphysiologischen der darin enthaltenen Nährstoffe hinausgeht.
Fundraising	Mittelbeschaffung für nicht auf Gewinn orientierte Organisationen, wie Z.B. gemeinnützige Vereine
Futures	Terminkontraktgeschäft zwischen zwei Vertragsparteien, um einen bestimmten Vertragsgegenstand (z.B. Waren, Devisen), zu einem terminierten Zeitpunkt und festgelegten Preis (dem sog. Future-Kurs) zu kaufen

G

Gadget	Gegenstand mit meist originellem Design und Spaßfaktor
Gap	Lücke
Gameboy	Mini-Spielcomputer für die Kids
Gateway	Schnittstelle zwischen zwei Kommunikationssystemen
Gay	Begriff für „fröhlich", aber vorwiegend als Bezeichnung für die Schwulenszene gemeint
General assembly	Generalversammlung (z.B. eines Unternehmens oder Verbandes)
Gentleman-like	Feines und rücksichtsvolles Verhalten des Mannes (z.B. der Lady nicht die Türe vor der Nase zuschlagen).
Get-together	Zusammenkunft mit Kollegen oder anderen mehr oder weniger angenehmen Personen., um sich besser kennenzulernen

Ghetto blaster	Tragbare Musikanlage mit viel Power zum Krachmachen, damit sich die Senioren freuen
Ghostwriter	Jemand, der etwas mit Geist und Ideen zu Papier bringt: Redenschreiber oder Vor- und Mitdenker
GIF (Graphics Interchange Format)	Grafikformat mit hoher Kompression
Gift shop	Kein Laden zum Einkauf von Zyankali, sondern ein Geschenkladen
Gimmick	Meist ein originelles Geschenk oder Beigabe (z.B. für Werbezwecke)
Give-away	Werbegeschenk, das man an Kunden weitergibt
Global player	Unternehmen, die nicht nur im Inland, sondern weltweit eine Rolle spielen
Global-Village	So wird manchmal auch das Internet bezeichnet, da es Menschen in der ganzen Welt wie in einem Dorf eng verbindet.
Goal getter	Fußballchinesisch: Torjäger
Going private	Rückkauf von Anteilen eines Unternehmens von der Börse in Privathand

Going public	Öffentlichwerden von Unternehmen durch den Gang zur Börse
Golden Goal	Das (goldene) entscheidende Tor
Googeln	Wegen der führenden Rolle der Suchmaschine Google ist hiermit allgemein das Surfen im Internet gemeint
Google-Groups	Suchmaschine von Google, die sich speziell mit Internetforen befasst
GPS (Global Positioning System)	Satellitengestütztes Navigationssystem zur Positionsbestimmung, wie z.B. beim Navi im Auto
Great	Fast bewundernde Bezeichnung für „großartig"
Green card	Bescheinigung für eine Arbeitserlaubnis von Ausländern in einem Land (der Besitz ist in einigen Ländern Voraussetzung für eine gewerbliche Betätigung)
Guide	Hilfreicher Führer
Guideline	Richt- oder Leitlinie/ Empfehlungen

H

Hacker	Spezialisten, die durch raffinierte Methoden in fremde Computer eindringen
Hall of fame	Ruhmeshalle, würdige Präsentation besonders verdienstvolle Personen
Handling	Handhabung, Abwicklung einer Maßnahme
Handout	Ein Papier, das verteilt wird (z.B. als Info bei Besprechungen)
Hardcore	Hart den Kern treffend: Pornografie von der stärkeren Sorte
Hard-liner	Ein harter Bursche, jemand der hart bei seiner Linie bleibt, evtl. ein „Betonkopf"
Hardware	Im Gegensatz zur sog. Software (also den Programmen) die elektronischen Geräte (die hart sein müssen, um die vielen Programme zu verdauen!)
Hashtag	Durch Rautesymbol markiertes Stichwort, das einem Post oder Tweet eine thematische Zuweisung gibt

Hedging	Sicherungsmethode im Finanzsektor, um Risiken einer Position - z.B. Wechselkurs-- oder Zinsrisiken - durch die Chancen einer anderen Position teilweise zu kompensieren
Headhunter	Personalberater, die auf der Jagd nach geeigneten Führungskräften sind, die sie an andere Unternehmen vermitteln können
Headline	Schlagzeile oder Überschrift
Headquarter	Hauptquartier eines Unternehmens oder einer Institution
Hedgefonds	Risikofonds
Helpdesk	Hiermit ist die im Bedarfsfall anzusprechende Stelle gemeint, an die man sich mit Fragen oder mit der Bitte um Unterstützung wenden kann
High fidelity	Gute Tonqualität (z.B. bei Phonogeräten)
Hip	Auf der Höhe im Verhalten oder Kleidung sein, (Steigerung: ultra-hip = ultra-modern)
Hip Hop	Dies ist eine Jugendbewegung, die Ende der 70iger Jahre in den USA begann, Hierzu gehört auch die Hip-Hop-Musik, die aus der schwarzen Funk- und Soul-Musik entstanden ist.

Hipster	Personen, die vor allem durch ihr Outfit ihre Ablehnung zum Mainstream ausdrücken
Hire and fire	In den USA üblich: anheuern, wenn jemand gebraucht wird und entlassen, wenn dieser nicht mehr nötig ist
Hit	Ein tolles Ding, etwas Großartiges
Holding	Dachgesellschaft, die an der Spitze eines Konzerns steht.
Homepage	Die erste Seite einer Präsenz im Internet
Hooligan	Randalierer (z.B. bei Fußballspielen)
Host	Dies ist ein Computer im Internet, der Dienste oder Daten anbietet
Hosting	Bezeichnung für die Möglichkeit, den eigenen Internet-Rechner bei einem Provider betreiben zu lassen.
Hotline	Informationsweg (z.B. über Telefon, Mail) für besonders Eiliges. Es kann schon mal heiß dabei zugehen.
HTML (Hypertext Markup Language)	Programmiersprache des WWW (World wide web).
Human relations	Menschliche Beziehungen.

Human Resources	(Hier geht es „menschlich zu") In manchen – vor allem internationalen Unternehmen – die Bezeichnung für die Personalabteilung
Human Resources Management	Im Personalbereich eines Unternehmens versteht man darunter, qualifizierte Mitarbeiter zu finden und diese an den richtigen Platz zu bringen und zu halten.
Hype	Oft nur kurzlebige, in den Medien aufgebauschte Nachrichten
Hyperlink	Querverbindung (z.B. im Internet)
HyperText	Verweisverfahren in Dokumenten

I, J

Icon	Symbol (z.B. auf dem Bildschirm eines Computers)
Identity card	Personalausweis
Image	Eindruck den man von einer Person, Marke oder einem Unternehmen hat
Impeach-ment	Öffentliche Anklage gegen Politiker (z.B. Amtsenthebungsverfahren gegen einen Präsidenten in den USA))
Input	Begriff für alles, was eingebracht wird (als Arbeitsleistung oder Produktionsfaktoren), die zur Erstellung von Produkten oder Dienstleistungen verwendet werden, Im Computerbereich versteht man hierunter die Eingabe von Daten.
Incentive	Belohnung und Anreiz für eine Handlung (Incentive-Reisen zu besonderen Zielen werden z.B. angeboten, um Mitarbeiter zu besseren Leistungen anzuspornen)

Incoterms (International Rules of Trade Terms)	Internationale Regeln für die Auslegung bestimmter im internationalen Handel gebräuchlicher Vertragsformen
Input-Output-Analyse	Genaue Durchsicht über das Ergebnis des Einsatzes von Leistungen und dessen Ergebnis
Infohotline	„Heisse" Telefonnummer bei der man bei Problemen geholfen wird
Infopool	Zentral gesammelte aktuelle Informationen aus diversen Quellen (zumeist mit IT-Unterstützung)
Infotainment	Informationsweitergabe in unterhaltsamer Weise
Instant food	Fertigkost
Instant Messaging	Kommunikationsmethode für sofortige Nachrichtenübermittlung bei der sich zwei oder mehr Teilnehmer per Textnachrichten austauschen
Interest rate	Begriff für die Zinshöhe (z.B. bei Geldanlagen)
Interface	Schnittstelle
Interim-Manager	Fachmann, der für eine begrenzte Zeit einem Unternehmen für spezifische Aufgaben zur Verfügung steht

Intranet	Firmeneigenes Informationsnetz mittels PC
Invoice	Rechnung
IP (Internet Protokoll)	Dieses definiert den Aufbau und die Adressierung von Daten in Netzwerken
I-Pod	Sehr begehrtes kleines Wiedergabegerät von Apple
ISDN (Integrated Services Digital Network)	Kommunikationsstandard für die Übertragung vor allem von digitalen Daten
Issue	Meist: Frage, Thema, Ausgabe
Jackpot	Gewinntopf (z.B. beim Lotto). Wenn er hoch ist, spielen mehr Leute
Jet lag	Durch Zeitverschiebung (wie z.B. bei langen Flügen in weit entfernten Regionen) verursachte gesundheitliche Anpassungsprobleme
Jet set	Etwas abgehobene Personenkreise, die sich deutlich mehr als Meier und Müllers leisten können und dies auch oft demonstrativ zeigen
Job-hopper	Eine Person, die durch häufigen Arbeitsplatzwechsel versucht, Karriere zu machen / legt keinen Wert darauf an

	der Jubiläumsfeier für 25-jähtige Firmentreue belohnt zu werden!
Job rotation	Wechsel eines Arbeitnehmers zwischen verschiedenen Arbeitsbereichen
Joint venture	Gemeinschaftliches Unternehmen (z.B. mehrere Firmen, die sich zu einem Projekt zusammenschließen)
Joystick	Steuerungselement in Form eines Steuerknüppels zum „Dirigieren" ,z.B. bei Computerspielen
JPEG (**Joint Photographic Experts Group**)	Standard-Format für photorealistische Bilder, die das Übertragen von Dateien durch Komprimierung erleichtern .
Junk Bonds	Von diesen Anlagen sollten Sie sich fernhalten: Es handelt sich um schrottreife Wertpapiere.
Junk food	Minderwertige Nahrungsmittel, die keine Wohltat für die Gesundheit sind
Just for fun	Nur zum Spaß (z.B. dieses Büchlein lesen)
Just in time	„Genau zum richtigen Zeitpunkt" (z.B., wenn Zulieferer kurz vor Bedarf beim Produzenten anliefern)

K

Keeper	Fußballchinesisch: Torwart
Kick off	Auftakt, Start (Kick-off-Veranstaltung ist eine Eröffnungsveranstaltung)
Key account management	Ausrichtung der Kundenbetreuung auf wichtige Hauptkunden durch einen speziellen Betreuer
Know how	Das Wissen über das richtige Vorgehen bei einer Sache
Knowledge Base	Informationssammlung, die alles in der Praxis Wissenswertes für Unternehmen oder andere Institutionen enthält
Knowledge-Management	Wissensmanagement

L

Label	Etikett, oft auch gebraucht für die Marke eines Produktes oder auch den Namen einer Musik- oder Plattenfirma
Ladyshaver	Haarentferner für Damen
LAN	Abkürzung für „Local Area Network" ein lokales Netzwerk, das die Rechner einer Organisation zusammenfasst
Laptop	Tragbarer Computer
Last minute	Hiermit ist nicht die Minute vor dem letzten Atemzug gemeint, sondern ein meist günstiges Angebot kurz vor Toresschluss (z.B. Reisen)
Latin lover	Was die meisten Frauen ersehnen: Leidenschaftlicher Liebhaber
Layer	Begriff bei der Bildbearbeitungssoftware: Ebene oder Schicht eines Bildes
Layout	Gestaltung (z.B. eines Werbedruckes oder einer Anzeige)

Law and order	Strenges Regiment: Recht und Ordnung
Leaflet	Merkblatt, kleine Werbebroschüre
Lean Management	„Schlankes" Management durch Versuch, möglichst wenige Hierarchien und „Wasserköpfe" zu halten
Leasing	Vermietung von Objekten, wie z.B. Autos, Maschinen oder auch Immobilien
Letter of intent	Schriftliche Absichtserklärung für einen Kauf oder eine sonstige Leistungserbringung
Level	Ebene, Niveau (man verkehrt z.B. nur mit Leuten auf gleichem Level)
Liken	Ausdruck einer positiven Bewertung, wie z.B. in einem sozialen Netzwerk (Facebook etc.) den Button „Gefällt mir" anklicken
Limelight	Rampenlicht (eine Person steht z.B. dort)
Limited company (Ltd.)	Gesellschaftsform: Gesellschaft mit beschränkter Haftung (vor allem in Grossbritannien)
Limited edition	Begrenzte Auflage (z.B. bei Büchern oder Bildern)was meist mit einem höheren Preis verbunden ist

Line of business	Geschäftsbereich
Link	Verbindung (z.B. im Internet, zum Anklicken einer anderen Webseite)
Live-Cam	Übertragung digitalisierter Bilder durch Videokamera und auf einen Server
Living doll	Person, die sich fast unbeweglich mit entsprechender Maskerade zur Schau stellt (z.B. als Napoleon in Kaufzentren), um einen kleinen Obolus von den Zuschauern zu bekommen
Location	Veranstaltungsort (z.B. für Tagungen, Meetings)
Log-in	Einwahl in elektronische Systeme (wie z.B. spezielle Webseiten)
Log-out	Beendigung einer Einwahl in elektronische Systeme
Loser	Verlierer mit ständigem Misserfolg (z.B. im Beruf oder der Liebe)
Lounge	Aufenthaltsraum, Warteraum
Low budget	Beengter, nicht sehr üppiger finanzieller Verfügungsrahmen
Lower management	Untere Führungsebene in einem Unternehmen

M

McClean	Örtchen bei den Bahnhöfen/ Sollte man wissen, bevor man „Not" hat und sich ein Wörterbuch kauft und doch nichts darüber findet.
Mayday	Internationaler Notruf im Schiffs- und Flugverkehr
Mailbox	Elektronischer Briefkasten, der - wie z.B. ein Anrufbeantworter - eingehende Nachrichten speichert.
Mailen	Per E-Mail Informationen mit anderen austauschen; ersetzt mittlerweile das Schreiben von Briefen
Mailing list	Adressenliste
Mail order	Bestellung durch Katalog , Versandbestellung
Mainboard / Motherboard	Größter, bedeutendster Baustein eines Computers, der alle wichtigen Schaltungen und Komponenten enthält

Mainstream	Zeitbedingte Beliebtheit des größten Teils einer Bevölkerung für eine Sache (z.b. Musik, Kunst, Mode)
Management buyout	Betriebsübernahme durch die eigenen bisher nicht beteiligten Führungskräfte
Manpower	Arbeitskraft (kann auch durch Frauen getätigt werden!)
Manual	Bedienungsanleitung, Handbuch
Marketing	Alle Maßnahmen rund um Werbung und Absatzförderung
Market- share	Marktanteil
Masterboard	s. Main-, Motherboard
Matching	Verbinden, Anpassen (z.B. beim Computer)
Matching fund	Form des Sponsoring, bei dem Unternehmen unter der Voraussetzung spenden, dass auch andere Stellen einen Betrag locker machen.
Media- Player	Dies ist eine Software, die es ermöglicht, verschiedene Multimedia-Daten wiederzugeben. Bekannt ist z.B. der Windows Media-Player.
Megabyte	Datenmenge von etwa einer Million Bytes

Memory function	Diese programmiert ein Gerät der Unterhaltungselektronik für eine bestimmte Funktion, z.B. für einen Stopp an gewünschter Stelle.
Merchan-dising	Maßnahmen, die mit Verkauf und Absatzförderung zusammenhängen
Merger	Fusion von Unternehmen
Message	Botschaft, Informationsgehalt
Messenger-App	Diese erlaubt es Nutzern des sozialen Netzwerks mit Anderen zu chatten
Meta-Tags	Beschreibung des Inhalts einer Internet-Seite, auch als Hinweise für Suchmaschinen.
Micro-blogging	Spezielle Form des Bloggens, bei der nur kurze Infos erscheinnen
Micro-Payment	Zahlung von Kleinbeträgen auf elektronischem Weg
MIDI (Musical Instrumental Digital Interface)	Digitale Schnittstelle für Musikinstrumente (z.B. Keyboard)
Midlife crisis	Was oft Mann so hat, wenn man gerade 40 erreicht hat (legt sich oft aber wieder!)
Mind map	Grafische Darstellung, die

	Beziehungen zwischen verschiedenen Begriffen aufzeigt
Mobbing	Leider nicht seltene Methode, um Kollegen durch „Schlechtmachen" und üble Nachrede an die Wand zu drücken/ Leider oft anzutreffen!
Mobile commerce	Begriff für jede Art von geschäftlicher Transaktion, bei der Partner mobile elektronische Techniken einsetzen.
Mobile Dating	Vorgang, wodurch sich Menschen einander mittels mobiler Endgeräte (z.B. Smartphone) verabreden können
Mobile Ticketing	Bezahlen von kleineren Beträgen (z.B. Fahrgeld) mit dem Mobiltelefon.
Moisturizing Cream	Feuchtigkeitscreme
Monitor	Bildschirm
Monitoring	Etwas auf einem Bildschirm eines PC anzeigen / Entwicklungen im Verlauf zeitnah beobachten
Mood Management	Professionelles Vorgehen, das auf die Stimmungslage von bestimmten Zielgruppen abzielt
Mouse	Zwar oft auch Kosenamen, aber beim PC die Bezeichnung für wichtiges Dirigierinstrument

Mouse-Potato	Scherzhafte Kennzeichnung einer Person, die besonders häufig am Computer sitzt und dabei Kartoffelchips (potato chips) oder andere kalorienschwangere Kostbarkeiten in sich hineinstopft
Mousepad	Unterlage (oft mit Werbung verbunden) für die Mouse des PC, um diese ans Laufen zu bringen
MPEG **(Motion Picture Experts Group)** **Mp3**	Elektronisches Konzept, das Frequenzen komprimiert und dadurch verkürzt, so dass mit weniger Speicherkapazität viel Volumen (z.B. Musik) aufgenommen werden kann. Bekannt ist vor allem Mp3
MMS (Multi Media Messaging)	Spezielles System für die elektronische Übertragung von Informationen
Multiple choice	Fragebogen mit vorbereiteter Wahlmöglichkeit
Multimedia	Kombination und Nutzung von verschiedenen Medien wie Text, Grafik, Klang (Sounds), 3-D Objekte oder Video in einem.

N

Narrow-minded	Etwas eng im Geist, nicht clever und intelligent genug für Umfeld und Umwelt
Nerd	Gemeint sind meist junge, intelligente Computerfreaks oder auch im weiteren Sinn „Fachidioten", die im sozialen Bereich „überfordert" sind
Network	Hierbei tauschen mehrere Computer, Daten aus oder benutzen gemeinsam Geräte/ / Gemeint sein kann auch die Zusammenarbeit z diverser Bereiche
New-Age-Bewegung	Esoterische Bewegung
New deal	Wirtschaftsreform in den 30er Jahren
New Economy	Wirtschaftszweige, die sich mit neuen Datentechnologien befassen
New Media	Die in den letzten Jahren stark gewachsenen elektronischen Medien

New wave	Populärmusik in den 1970er- und 1980er-Jahren
Newsgroup	Elektronisches themenbezogenes Diskussionsforum im Internet
Nice price	Sicher ein netter Preis, mithin ein Sonderangebot
Nickname	Ist oft ein Zeichen, dass man beliebt ist: Spitzname
No future generation	Bezeichnung der Generation in den 80er Jahren, die teilweise eine mehr pessimistische Zukunftserwartung hatte
No-go-Area	Besonders gefährliches oder geschütztes Gebiet
No-name product	Produkt, das keine Bezeichnung als Markenware hat, aber dennoch gute Qualittät haben kann
Nonfood	Nicht essbare Waren, also sonstige Konsumgüter für den Alltag
Nonprofit	gemeinnützig
Notebook	Gleiche Bezeichnung für Laptop
Notepad	Elektronisches Notizbuch
Nugget	Hätte Jeder gern mehr: Kleiner Goldklumpen

O

Obsession	Versessenheit (z.B. in eine Idee)
Occasion	Günstige Gelegenheit (z.B. für eine elegante Bluse oder einen rassigen Sportwagen)
Off-limits	Außerhalb einer Begrenzung: verboten, nicht erlaubt
Offline	Ohne Verbindung (z.B. bei einem Internetanschluss)
OCR (Optical Character Recognition)	Hiermit ist ein System zur Erkennung optischer Zeichen und Buchstaben gemeint
Off road	Außerhalb der Straße
Offshore	Vor der Küste (z.B. Ölförderung mit Plattformen auf See)
Old Economy	Hiermit ist die die traditionelle Wirtschaft – im Gegensatz zur New Economy - gemeint.

Old-fashioned	Altmodisch
On demand	Lieferung auf Abruf oder Bestellung (z.B. Buchdruck mit kleinen Auflagen)
One-night-stand	Kurze Liebesbeziehung zwischen zuvor meist nicht bekannten Personen für nur eine Nacht (hoffentlich ohne Folgen)
Online	Betriebsbereit und sich im Internet befindet (z.B. Informationen)
Online Shop	Handelsunternehmen, das seine Verkäufe über das Internet abwickelt
On sale (oder Sale)	Bezeichnung für Sonderangebote, die Einzelhändler anbieten
On the road	Auf der Straße
Outen	sich zu etwas offen bekennen (z.B. dass man schwul ist u.ä,)
Outlet	Verkaufsstelle direkt aus dem Lager des Herstellers z.B. von Bekleidung
Out of limit	Über die gesetzte Grenze hinaus
Outsourcing	Auslagerung (z.B. einer Unternehmensfunktion)
Outplace-ment	Die von manchen Unternehmen mit der Entlassung eines Arbeitnehmers verbundenen Hilfsmaßnahmen zur Findung einer neuen Arbeitsstelle

Output	Das, was als Ergebnis herauskommt: Fertigprodukte oder Dienstleistungen (oder vielleicht auch geistige Ergüsse)
Overdressed	Übermäßig anspruchsvoll bekleidet, so dass dies auffällt
Overhead	Geschäftsführung, Management (was über den anderen Köpfen residiert)
Overhead projector	Projektionsapparat, der Transparenzfolien an die Leinwand wirft
Over-the-counter	Über den Ladentisch (und z.B. nicht per Internet)

P

Palmtop	Handrechner
Panel	Meist ist damit ein System bei Umfragen gemeint, in denen ein gleichbleibender Personenkreis regelmäßig betragt wird
Patch	kleine Änderung an einer Software zur Behebung eines Fehlers
Patchwork family	Familie, deren Mitglieder verschiedenen Partnerschaften entstammen
PDF (Portable Document) Format)	Dateiformat zum plattformunabhängigen Austausch von fertig formatierten Dokumenten.mit Datenkompression
Peanuts	Unwichtige Kleinigkeit, Bagatelle
Peeling	Abtragung der obersten Hautschichten
Percussions	Schlagzeug (können schon mal die Ohren strapazieren)

Performance	Leistung, Darbietung bei einer Veranstaltung
Phishing	„Fischen nach Passwörtern", Passwortbetrug, Passwortklau
Piercing	Anbringen von Ringen, Stäben oder anderen kleinen Materialien an verschiedenen Stellen des Körpers
Pin	Persönliche Identifikationsnummer zur Identifizierung (z.B. bei Nutzung von Kreditkarten)
Piss off	Drastische Bezeichnung für die Aufforderung, sich zu entfernen
Pitch	U.a.: Kurze Präsentation einer Geschäftsidee.
Plot	Handlungsablauf (z.B. einer Fernsehsendung)
Plotter	Zeichengerät
Plugin	kleines Programm, das Zusatzfunktionen in bestehenden Anwendungen ermöglicht. (z.B. Mediaplayer-Plugin)
Podcast	Bereitstellen von Inhalten(, z.B. bereits erfolgten Rundfunksendungen)über das Internet
Podcatcher	Software-Programme mit denen man Sender abonnieren und Sendungen empfangen kann

Point of no return	Punkt an dem es keine Umkehr mehr gibt
Point of sale (POS)	Ort an dem direkt verkauft wird (wie z.B. ein Ladengeschäft oder eine sonstige Auslieferungsstelle)
Pole position	Startposition
Political Correctness	Verhalten mit dem Ziel, dass in Wortwahl und Handlungen vermieden werden soll, Gruppen von Menschen zu diffamieren oder zu beleidigen (z.B. im Hinblick auf Geschlecht oder Rasse)
Pool	Nicht nur Schwimmbecken, sondern auch zentrale Bündelung von Leistungen oder Informationen u.ä.
Pop-Art	Kunstrichtung mit populären Objekten
Popup	Fenster mit Werbung auf einer Webseite, das sich bei Aufruf der Seite öffnet
Portfolio	Menge und Zusammenstellung von Objekten, (wie z.B. Aufstellung der Kunden, Aktienstruktur)
Postbox	Briefkasten
Posten	Einen Beitrag weiterleiten (z.B. in ein Internetforum)
Posting	Eintrag oder Beitrag

Postmaster	Verantwortlicher für den E-Mail- (evtl. auch News-) Verkehr eines Rechners
Powerseller	Besonders aktiver Verkäufer (z.b. bei Ebay)
Prepaid	Vorausbezahlt (z.b. prepaid cards beim Handy)
Price-earnings ratio	Kennzahl an der Börse: Kurs-Gewinn-Verhältnis
Prime rate	Zinssatz, zu dem Banken an erstklassige Unternehmen kurzfristige Kredite vergeben
Printer	Drucker
Private equity	Beteiligungskapital im weitesten Sinn
Private placement	Privater Verkauf - ohne Börsennutzung - von Vermögensgegenständen, die preislich hoch angesiedelt sind
Product placement	Das geschickte und werbewirksame Platzieren von Produkten in Filmen oder im Fernsehen (mithin eine Art Schleichwerbung, die dezent auf Zuschauer einwirken soll)
Promoten	Eine Sache fördern
Provider	Anbieter von Internetleistungen

Public Private Partnership	Eine öffentlich-private Partnerschaft durch Kooperation zwischen Verwaltungen und Unternehmen oder privaten Organisationen, um öffentliche Aufgaben (z.B. Schulsanierung) wahrzunehmen.
Public relations	Öffentlichkeitsarbeit für eine Institution oder ein Unternehmen
Public viewing	Öffentliches Ansehen (z.B. über einen großen Bildschirm), eine Art Arena
Pull-down-Menü	Ein Bild in einem Teil des Monitors, das den Dialog des Benutzers mit einem anderen Fenster erweitert.
Put option	Der Nutzer dieser Option hat das Recht, aber nicht die Pflicht, innerhalb eines definierten Zeitraums-oder punkts eine festgelegte Menge eines Wertobjektes (z.B. Aktien) zu einem festgelegten Preis (zu verkaufen.

Q/R

Quickie	Schneller Sex ohne langes Vorspiel
Racial profiling	Auf äußerlich Merkmale basierende Verdächtigung von Personen aufgrund von ethnischer, religiöser oder nationaler Zugehörigkeit
RAM	Bezeichnung für den Arbeitsspeicher eines Computers.
Random	Zufällige Auswahl der Befragten (z.B. bei Umfragen in der Markt- und Meinungsforschung)
Ranking	Rangordnung (z.B. bei der Bewertung von Firmen, Angeboten, Leistungen)
Ransomware	Kriminelle Computerprogramme, durch die Jemand private Daten auf einem fremden Computer verschlüsseln kann, um für die Entschlüsselung ein „Lösegeld" zu fordern
Rating	Beurteilung einer Qualität mit „Noten" durch spezielle Bewerter

Ready-made	gebrauchsfertig
Real estate	Grundbesitz, Immobilien
Real-time	Echtzeit
Receiver	Empfänger im Phonobereich
Recruiting	Personalbeschaffung
Recycling	Wiederaufbereitung von gebrauchtem Material (z.B. Papier, Kunststoff)
Reengi-neering	Neugestaltung eines Objektes
Referee	im Sport: Schieds- oder Kampfrichter
Reinforce-ment	Verstärkung
Relaunch	Wiedereinführung eines früher bereits existierenden Produktes
Release	Veröffentlichung (z.B. von Filmen, Musik oder Softwareprodukten)
Remake	Neuauflage eines Produktes
Remastered	Technisch bearbeitet (z.B. CDs, die Musik von alten Schellackplatten übertragen haben)
Reminder	Mahnung, Erinnerung
Remote	Datenfernübertragung: Verbindung

	zwischen weit entfernten Stellen über ein Netz oder eine Wählleitung
Ressourcen	Hierunter verssteht man die Mittel, wie z.B Finanzvermögen oder Fähigkeiten, die benötigt werden, um eine bestimmte Aufgabe zu bewältigen
Return on investment (ROI)	Anlageerfolg („was bei einer Investition herauskommt")
Revival	Neubelebung, (Wiederaufleben eines früheren Events, wie z.B. eine beliebte Musikdarbietung)
Road map	Terminplan für wirtschaftliche oder politische Vorhaben
Roaming	Bei Handynutzung im Ausland:- und damit einem anderen als dem Heimatnetzwerk - wird unter dieser Bezeichnung eine Gebühr erhoben, Die Höhe der Gebühren ist verhandelbar und in der Diskussion..
Roll-out	Etwas ausrollen, bzw. etwas ausbreiten, z.B. neue Produkte in einem Markt , was entsprechende Marketingbemühungen verlangt
ROM (Read Only Memory)	Speicherchip - „Nur-Lese-Speicher" - , dessen Inhalt nicht verändert/ gelöscht werden kann

Rope Skipping	Oft wettkampforientierte Form des Seilspringens.
Router	Vermittlungsrechner, der verschiedene Netzwerke miteinander verbindet
RSS-feed	Gruppe von Dateiformaten mit bestimmten Standards
Rush hour	Hauptverkehrszeit

S

Safer sex	Form des Geschlechtsverkehrs, der Gefahren -z.B. Aids - vermindert (vor allem durch Nutzung von Kondomen)
Safety first	„Sicherheit geht vor" (vor allem bei handwerklichen Arbeiten)
Sales department	Abteilung, die mit Verkauf und Vertrieb zu tun hat
Sales promotion	Alles was den Verkauf fördert
Sample	Muster, Warenprobe
Sampler	Zusammenstellung von Einzelobjekten (z.B. von Musikstücken auf einer CD)
Scannen / Scanner	Kopieren/ Gerät, das Inhalte optisch einliest und digital umwandelt
Screenshot	Aufnahme/Kopieren eines Bildes vom PC-Monitor
Setup	Aufbau, Installation (z.B. eines Softwareprogramms)

Skates	Schlittschuhe (Roller skates =Rollschuhe)
Scorecard	Wertungsliste im Zusammenhang mit Scoring
Scoring	Statistisch berechnetes Prognoseverfahren, um das Verhalten einer abgrenzbaren Gruppe einzuschätzen (Wird für Marketing und Bewertung von Kreditrisiken eingesetzt)
Screen	Bildschirm
Scrollen	Mit dem Curser auf dem Monitor den Text nach oben oder unten bewegen
Security	Sicherheit, auch verwendet für die Überwachung von Objekten
Self-fulfilling prophecy	eine Prophezeiung, Vorhersage, die eintritt, weil man fest daran glaubt
Senior consultant	Erfahrener Berater, Abteilungsleiter (z.B. bei einem Unternehmensberater)
Setup	Aufbau, Errichtung
Sex appeal	Erotische Ausstrahlungskraft (Wer wünschte sich diesen nicht?)
Shareholder	Anteilseigner. Aktienbesitzer
Share-holders	Hier steht das Interesse der Anteilseigner im Vordergrund. Konkret:

value	Alles was diesen einen finanziellen Vorteil bringt
Sharen	Gemeinsame Nutzung von Objekten oder Leistungen durch mehrere Parteien
Shareware	Software, die **vom** Produzenten zunächst kostenfrei zur Probe angeboten wird.
Shift manager	Schichtführer
Shit	Ganz einfach „Scheisse" (z.B. manche Fernsehsendung)
Shitstorm	Heftige negative Kritik gegen Personen oder Institutionen
Shooting-Star	Senkrechtstarter (z.B. als Künstler)
Shortcut	Tastaturbefehl bzw. Tastenkombination, die rasch zum Ergebnis führt
Short-term	kurzfristig
Signature	Unterschrift
Simsen	Kurznachrichten mit dem Handy versenden
Single	Alleinstehender (früher waren das die „Junggesellen")

Sitcom	Abkürzung für „situation comedy" = Situationskomödie (meist als Serie ausgestrahlte Fernsehsendung, die vor allem auf Situationskomik basiert)
Sit-in	Sitzblockade
Sitemap	Auflistung, die die Gesamtstruktur und Gliederung der Informationen z.B. eines Internetauftritts zeigt
Skills	Fähigkeiten im Beruf, Sport oder der Liebe
Skinhead	Kahlkopf / im politischen Feld eine rechts gerichtete Gruppe
Skipper	Steuermann im Boot
Slapstick	Ein Film mit besonderem Humor (bis zur Klamotte)
Sleep timer	Funktion bei Geräten, die nach einer festgelegten Zeit das Gerät abschaltet (wenn der Besitzer schon träumt)
Slogan	(meist eingängiger) Werbespruch
Slow food	Gegenteil von Fast Food und ungesunder Küche (stattdessen Nutzung heimischer Produkte)
Small caps	Kleinere Unternehmen an der Börse, die oft spekulativ sind mit stärkeren Schwankungen

Small talk	Leichte und lockere Form der Unterhaltung zwischen Personen,
Smartcard	Plastikkarte mit eingebautem Chip,
SMS (Short Message Service)	Telekommunikationsdienst zur kostengünstigen Übertragung von Textnachrichten
Snapshot	Schnappschuss
Sneakers	Sport- oder Turnschuhe
Soap opera, soap	Seichte Folge von Filmen im Fernsehen mit ständigen Fortsetzungen
Soccer	Spezialform des Fußballspiels (vor allem in den USA zu Hause)
Social media	Online-Aktivitäten auf Sozialen Netzwerken bei denen mediale Inhalte ausgetauscht werden
Social meeting	Gesellschaftliches Zusammensein
Softie	Sehr weich agierender Männertyp, der nicht unbedingt bei allen anderen „ankommt"
Softcover	Taschenbuch, das keinen dicken Einband hat
Soft drink	Alkoholfreies Getränk

Soft skills	Fähigkeiten, die den mitmenschlichen Bereich, das Auftreten und das soziale Einfühlungsvermögen betreffen (Können manchmal wichtiger sein als Fachwissen)
Software	Das Programm, das ein bestimmtes Arbeiten mit dem PC erst ermöglicht (in Verbindung mit der Hardware)
Soundtrack	Tonspur, meist Musik aus Filmen
Spam	Ungewünschte, lästige Infos, die im Internet als E-Mail verbreitet werden und vor denen man sich schützen sollte (Ursprung: englischer Begriff für geschmackloses, wässriges Frühstücksfleisch)
Spareribs	Das obere fleischarme Drittel des Schweinebauchs (Hochrippe), Grillgericht
Special interest	Gruppe oder Organisation mit besonderem Interesse an einem Thema
Speed	Geschwindigkeit
Speed reading	(Eignet sich besonders für Steuererklärungen und Einkaufsbedingungen) Schnelllesen mit der Fähigkeit, einen Text rasant zu lesen und zu verstehen

Sponsor	Förderer von kulturellen, sportlichen oder wirtschaftlichen Objekten, die oft einen werblichen Vorteil versprechen
Spotlight	Rampenlicht
Spyware	Spionierprogramme, die im Internet eingeschleust werden können und den Besitzer ausschnüffeln sollen (Schutz durch spezielle Software ist empfehlenswert)
Squeeze out	Herausdrängung von Kleinanlegern einer AG durch Mehrheitsaktionäre, wenn diese 95% des Grundkapitals besitzen bei angemessene Abfindung .
SSL (Secure Socket Layer)	System für die gesicherte Übertragung von sensiblen Daten (wie z.B. Kreditkartennummern) über das Internet.
Staff	Personal in einem Unternehmen
Stakeholder	Person oder Gruppierung, die berechtigte Interessen anderer wahrnimmt
Stand-by-Modus	Zustand der Bereithaltung (z.B. bei einem Gerät der Unterhaltungselektronik)
Standing ovation	(Was sich jeder wünscht, wenn er einen Raum betritt) Starker Beifall für eine Person

Standby	Sich in Wartestellung befindlich
Start-up	Firmengründung
Stalker	Nachsteller (vor allem von Frauen)
Statement	Erklärung / Aussage
State of the Art	Maximal anzunehmender Entwicklungszustand einer Technologie
Steering committee	Lenkungsausschuss in einem Unternehmen oder sonstigen Institution zur Bestimmung wichtiger Entscheidungen
Stock exchange	Wertpapierbörse
Stock chart	Aktienkurve, Aktiendiagramm, Aktienverläufe
Stock index	Aktienkurve, Aktiendiagramm, Aktienverläufe
Store	Lager
Street-worker	Sozialarbeiter an der Front
Stuntman	Derjenige, der im Film die harten Szenen in Echtheit spielt
Subwoofer	Lautsprecher, der die tiefen Töne so richtig schön erschallen lässt

Suicide	Freitod, Selbstmord
Support	Unterstützung, Betreuung
Search-Engine	Suchmaschine (wie z.B. Google, Yahoo)
Survey	Umfrage über die Meinung der Verbraucher oder Wähler
Swift (Society for Worldwide Interbank Financial Telecom-munication)	Zahlungssystem von Banken Europas und Nordamerikas zur Beschleunigung und Standardisierung des internationalen Zahlungsverkehrs

T

Table of content	Inhaltsverzeichnis
Takeover	Firmenübernahme
Talk show	Diskussionsrunde im Fernsehen mit Gästen, die meist drauflos reden dürfen
Targeting	Versuch im Online-Marketing, Werbung exakt auf eine Zielgruppe auszurichten
Task force	Eingreiftruppe beim Militär
Tattoo	Körperschmuck auf der Haut (Tätowierung)
Tax-free	Steuerfrei (z.B. Waren auf dem Flughafen)
Teamspirit	Mannschaftsgeist
Teamwork	Gemeinschaftsarbeit
Teaser	Werbliches Gestaltungsmittel, das durch ungewöhnliche Art Aufmerksamkeit bei Verbrauchern erregen soll

Tele-prompter	Textlesegerät, das z.B. oft von Vortragenden im Fernsehen genutzt wird
Templates	Dies sind Bausteine in Softwareprojekten, die immer wieder genutzt werden.
Thigh gap	Lücke zwischen den weiblichen Oberschenkeln, die auch noch sichtbar ist, wenn die Beine grade gestellt sind
Thinkpad	Andere Bezeichnung für ein Notebook/Laptop
Thinktank	Stab von „Intelligenzbolzen" zur Erarbeitung von Lösungsvorschlägen
Thread	Beitrag bei Foren im Internet - Fragen und Antwortstränge
Thumbnail	Kleine Abbildungen im Internet
Ticket counters	Fahrkartenschalter (z.B. bei der Bundesbahn)
Timesharing	Das Teilen eines Objektes mit mehreren Parteien zu unterschiedlichen Zeitpunkten (z.B. bei Ferienwohnungen)
Timing	Zeitabstimmung
Time lag	Zeitverzögerung

Tinder, tindern	Mobile Dating-App, um Facebook-Nutzern das Kennenlernen von anderen Personen zu erleichtern / Die Nutzung nennt man „tindern"
To-do-list	Bezeichnung für eine Checkliste mit den zu erledigenden Arbeiten
Token	Gutschein, Wertmarke
Tool	Werkzeug, Arbeitstechnik
Toolbar	Eine waagerechte Symbolleiste auf dem Monitor mit kleinen, bebilderten Schaltflächen
Toppen	Eine Leistung steigern
Touchpad	Weiches Kissen, um den Curser (s.dort) z.B. am Laptop mit den Fingerspitzen zu steuern
Track	Spur auf einem magnetischen oder optischen Speichermedium
Trader	Händler
Trading	Ausnutzen von kurzfristigen Preisschwankungen an der Börse
Trademark	Handels-, Warenmarke
Traffic	Verkehr, Bewegung (z.B. die Häufigkeit mit der Internetseiten angeklickt werden)
Trash	Schund

Treasurer	Schatzmeister, Verantwortlicher in einem Unternehmen für die Finanzen
Trending topics	Auflistung der wichtigsten Themen eines Tages (z.B. auf einer Facebook-Webseite)
Trendsetter	Vorreiter für eine Entwicklung (Mode u.ä.)
Trial and error	Lernmethode bei der man durch Versuch und Irrtum klug wird
Trouble-Shooting	Lösung von Problem, deren Suche und Behebung
Trouble-shooter	Problemlöser
Trustee	Treuhänder
Tuning	Etwas aufarbeiten, um mehr Leistung zu bekommen (z.B. die Geschwindigkeit beim Motorrad)
Turn around	Umgestaltung eines Unternehmens, wobei auch die Eigenmittel verbessert werden
Turnover	Umsatz, den ein Unternehmen macht
Tweed	Statusmeldung innerhalb von Twitter
Twitter	Microblogging-Dienst bei dem Nutzer Tweets verfassen, die andere Nutzer abonnieren

U

UK	Bezeichnung für „United Kingdom", also das Vereinigte Königreich = Großbritannien
Ultimate	endgültig
UMTS	„universal mobile telecommunication system" = Verwender suchendes elektronisches Übertragungssystem
Underdog	Jemand, der sozial benachteiligt ist
Under-dressed	Besonders schlecht angezogen
Under-statement	Untertreibung (Gegensatz kommt häufiger vor!)
Underwear	Unterwäsche
Underwriter	Derjenige, der etwas unterzeichnet; im Versicherungsgewerbe der Verantwortliche, der den Versicherungsvertrag absegnet

Unemployed	Arbeitslos
Unfriendly takeover	„unfreundliche Übernahme", wenn Beteiligungen erfolgen ohne dass der bisherige Anteilseigner dies möchte
Unit	Einheit
Update	Neuausrichtung auf den aktuellen Stand, z.B. bei Softwareprogrammen
Upgrade	Fehlerkorrektur bei Soft- oder Hardware
Upper class	Privilegierte Gesellschaftsklasse
Up-to-date	aktuell
Url (Uniform Resource Locator)	Adressinformation von Internetseiten wie zum Beispiel http://www.forderungsmanagement.com
USB (Universal Serial Bus)	Anschlusskabel, mit dem diverse Geräte an einen Computer angeschlossen werden können.
Usability	Gebrauchstauglichkeit eines Produktes
User	Anwender einer Sache (z.B. Computerbenutzer)

V

Valid	Gültig
Value added tax (VAT)	Mehrwertsteuer
Value chain	Wertschöpfungskette
Vaping	Rauchen von E-Zigaretten
Venture capital	Risikokapital
Videocasts, Vodcasts	automatisches Abonnement zum Herunterladen von Video-Dateien
Video clip	Kurzer Film im Internet
Vintage	Auslese (meist die besten Angebote eines Bereiches)
VIP	„very important person", bedeutende oder öffentlich bekannte Person
VIP lounge	Warte- oder Ruheraum für Prominente oder gut Zahlende

Visitor	Besucher
Voice box	Anrufbeantworter
Void	ungültig
Volume	Lautstärke
Voucher	Gutschrift

W

Wanted	Wer seinen Namen damit verknüpft sieht, ist ein gesuchter Mensch – allerdings zum Einfangen als gesuchter Ganove
Warlord	Eine Art Kriegsfürst in politisch problematischen Ländern, wie z.B. Afghanistan
Warrant	meist ist damit ein Optionsschein an der Börse gemeint
Wash-and-wear	Da freut sich die Hausfrau: gemeint sind bügelfreie Textilien
Watchlist	Überwachungsliste
WAV (Waveform Audio File Format)	Von Microsoft entwickeltes Dateiformat für Audiodaten,
Way of life	Die Art, sich seinen Lebensstil einzurichten

Web	Weltweites Internetnetz
Web-based	Aktivitäten in Verbindung mit dem Internet
Webcam	Video-Kamera für Anwendungen im Internet
Webmaster	Technischer Manager von Webseiten
Webranking	Analyse der Nutzungsintensität von Webseiten bei den Suchmaschinen
Webserver	Rechner bzw. Server, der die Inhalte von Webseiten bereitstellt.
Wellness	Wohlbefinden, oft in Verbindung mit Aktivitäten (z.B. Hotel) gebraucht
West end	Stadtteil nicht nur im Westen, sondern als Bezeichnung für bessere Viertel einer Stadt gebraucht
Whistle-blower	Jemand, der Gesetzeswidrigkeiten oder Missstände,, die er an seinem Arbeitsplatz erfährt, an die Öffentlichkeit bringt
Widget	Komponente eines grafischen Fenstersystems
Windows	Die von Microsoft entwickelte grafische Benutzeroberfläche mit Fenstertechnik
Windfall profit	Ein Vorteil, der unverhofft (wie der Wind) auf jemanden zukommt (z.B. Gewinn eines Unternehmens)

White-Collar-Kriminalität	Gemeint ist hiermit die Kriminalität, die von Tätern stammt, die sich den Kragen nicht schmutzig machen (Schreibtischtäter)
Win-win situation	Die insgesamt befriedigende Beziehung von 2 Parteien bei denen jede einen Vorteil hat
Wireless	drahtlos
W-LAN (Wireless Local Area Network)	Drahtlose Netzwerklösung
WMA (Windows Media Audio)	Digitales Musikformat von Microsoft
Woopie	Wohlhabender Ruheständler
Wording	Formulierung eines Textes
Workaholic	Arbeitswütiger, der fast so süchtig nach Arbeit ist wie ein Alkoholiker nach der Flasche
Workflow	Arbeitsablauf
Working capital	Differenz zwischen kurzfristigem Vermögen und Verbindlichkeiten als Kennzahl zur Beurteilung der Liquidität eines Unternehmens.

X, Y, Z

X-ray	Röntgenstrahlen
Yellow press	Wenn auch nicht unbedingt auf gelbem Papier: Regenbogenpresse mit Klatschspalten
Young fashion	Mode für junge Leute
Yuppie	"young urban professional people" = junge aufstrebende Zeitgenossen
Zero-bond	Nicht der Bruder von James Bond, sondern Bezeichnung für eine abgezinste Anleihe, Null-Kupon-Anleihe
Zip	Elektronisches Komprimierungsprogramm, das große Dateien verkleinert
Zoom	Vergrößerung einer Bildfläche (z.B. bei einem Fotoapparat oder auf dem Monitor eines PC)

Andere

„FREMDWORDS"

(nicht

Denglisch)

A

Ab ovo	Sinngemäß: von Anfang an
Absentismus	Fernbleiben vom Arbeitsplatz
Abstrus	(Manches Geplänkel nach dem 8. Bier): Unklar, nicht verständlich
abundant	Reichlich vorhanden
Accessoire	Meist modisches Zubehör
Ad acta	Als erledigt abhaken
adaptieren	Anpassen / auf ein anderes Medium übertragen
Adäquat	Angemessen und passend
Ad hoc	Aus dem Stegreif, ganz plötzlich
Ad-hoc-Netz	Drahtloses Rechnernetz, das mehrere Endgeräte verbindet
Ad hoc-Publizität	Pflicht zur Veröffentlichung von Fakten, die den Börsenkurs einer AG erheblich beeinflussen könnten
Adipositas	(Wenn die Waage anzeigt „Bitte keine Gruppen auf die Waage stellen"): Fettleibigkeit

Adminis-trator	Verwalter, Betreuer / Beim PC: Systemverwalter mit Zugriffsrechten
Advocatus diaboli	„des Teufels Anwalt " / Vertretung des Standpunktes einer bestimmten Seite - bei eigener anderer Meinung (Gut zur Anregung von Diskussionen - aber nicht zwischen Ehepartnern)
Äqivalent	Gleichwertig, angemessen
Affinität	Hohe Übereinstimmung zwischen Sachverhalten oder Interessen
à fonds perdu	Meint, dass man Geld von Anfang an „auf Verlustkonto" bucht, d.h. mit Verzicht auf Gegenleistung.
Affront	Herausfordernde Beleidigung
Agenda	Tagesordnung (z.B. einer Sitzung)
Aggregieren	Einen Sachverhalt zusammenführen
Ägide	Obhut, Leitung
Agieren	(Worauf es letztlich ankommt): Handeln, etwas in die Tat umsetzen
Agio	Aufschlag (z.B. bei Geldanlagen)
Agitation	Politische - oft aufdringliche - Aufklärungsarbeit oder Werbung für politische oder soziale Ziele

Agitieren	Kräftig für die eigene Position werben
à jour	(Wer das ist, weiß „wo die Glocken hängen"): aktuell informiert sein
Akkredi-tierung	Anerkennung eines diplomatischen Vertreters in einem Land.
Akquise / Akquisition	(Hier kennen sich Vertreter gut aus): Kundengewinnung durch persönliche Verkaufsgespräche, aber ‚auch Übernahme von Unternehmen
Akronym	Eine Abkürzung, die aus den Anfangsbuchstaben oder -silben einer Wortgruppe gebildet wird und als eigenständiges Wort fungiert
akzessorisch	Ein Begriff aus der juristischen Fachsprache und bedeutet abhängig von einem anderen Sachverhalt.
à la	Mit diesem kleinen Vorbegriff ist „nach Art des...." gemeint.
Algorithmus	Systematische, logische Regel oder Vorgehensweise, die zur Lösung eines Problems führt
Alimentieren/ Alimente	Jemanden - meist mit Geld – unterstützen (Bestimmte Väter kennen die Zahlung von Alimenten!)
Allegorie	Sinnbild, Gleichnis, bei der z.B. eine Sache oder ein Vorgang aufgrund von Ähnlichkeiten als Zeichen einer anderen Sache eingesetzt wird.

Alliierte	Verbündete, z.B. im Kampf gegen einen gemeinsamen Gegner.
Allonge	(Manche Männer wünschen sich das als Verlängerung des „Familienvergrößerungsapparats"): Anhang zu einem Schriftstück oder zu einer informativen Unterlage.
Alma mater	Alter Begriff für Universität oder Hochschule.
Alter Ego	Kunstfigur mit Bezug zu einer real existierenden Person
Alternative Fakten	Dieser Begriff, der sich im Januar 2017 in den USA etabliert hat, suggeriert, dass es zu wahren Fakten eine Alternative geben soll
Altruist **Altruismus**	(Wie fast jeder Bürger); Ein selbstloser Mensch / Menschenfreundlichkeit und das Wohl anderer im Auge behaltend
Alumni	Bezeichnung für Absolventinnen und Absolventen einer Hochschule
Ambiente	(Wenn es gut ist, fühlt man sich wohl): Direktes Umfeld beim Wohnen oder Arbeiten
Ambiguität	die Mehr- oder Doppeldeutigkeit von Wörtern, Symbolen oder Sachverhalten
Ambivalent	Doppelsinnig, zweideutig
Amnesie	Gedächtnisverlust, Gedächtnisstörung
Amorph	Gestaltlos

Amortisation	Rückfluss investierter Mittel aus den Erträgen einer getätigten Investition; ohne diese lohnt sich kein Einsatz
Amouren	(Casanova hatte viele): Affairen, Liebesverhältnisse, Seitensprünge
Anabolika	Verschreibungspflichtige Präparate zum Muskelaufbau, die sich einige Sportler zur Leistungssteigerung (unsportlich) genehmigt haben
Anachro-nistisch	(Schnee von gestern): Alles, was nicht mehr in die jetzige Zeit gehört
Anagramm	Umstellung aller Buchstaben eines Wortes oder Satzes zu einem neuen Gebilde. Beispiel: Lampe ist ein Anagramm zu Ampel und Palme.
Anapher	Die Wiederholung eines Wortes oder einer Wortgruppe am Anfang der folgende Sätze oder Verse
Android	Betriebssystem und eine Software-Plattform für mobile Geräte
Andropause	Lebensabschnitt beim Mann mit nachlassender Hormonaktivität;; er entspricht dem Klimakterium der Frau.
Andrygen	Männliche und weibliche Merkmale aufweisend
Anglizismen	Englischsprachlich fundierte Wörter, die vor allem in Werbung und Massenmedien deutlich zugenommen haben. Das Buch „Anglizismen

	deutsch erklärt" erläutert rd. 800 dieser Begriffe!
Animation	Generell die Motivation von Personen, aber auch in der Technik das Verfahren, Bilder beweglich zwei- oder sogar dreidimensional zu erzeugen
Animosität	Wenn Sie das gegenüber einer Person haben, dann besteht statt Zuneigung eine Antihaltung
Annex	Etwas angefügtes, Zubehör
Annuität	Jährliche finanzielle Belastung (z.B. bei einer Hypothek)
Antagonist	Widersacher, Kontrahent
ante portas	Vor der Türe stehen, im Anmarsch sein (Besonders beliebt: Verwandte, wenn man eigentlich relaxen möchte / Empfehlenswert hierzu ist der Film von Loriot „Papa ante Portas"!)
Antidot	Medizinisches Gegenmittel zu Medikamenten oder anderen Substanzen, die die negative Wirkung aufheben
Antipode	Das was genau entgegengesetzt ist
Antizipation, antizipieren	Vorausschauen, Vorausahnen / Annehmen, dass ein Ereignis eintritt oder wahrscheinlich ist
Aperçu	(Sollten Sie auch öfter haben):

	Geistreicher Gedankenblitz.
Aperitif	Appetitanregendes (meist alkoholisches) Getränk (z.b. Sherry)
Aphorismus	Gedanke, der auf geistreiche Art dargelegt wird.
Aphrodisi- akum	(Man muss daran glauben!): Mittel zur Steigerung der Liebesfähigkeit
Aphorismus	Kurzer Sinnspruch, der besondere Gedanken oder Lebensweisheiten markant zusammenfasst
apodiktisch	Jeden Widerspruch von vornherein ausschließend
App	Anwendungsprogramm von diversen Anbietern, das für den Nutzer in einem Webbrowser abläuft
Appendix	Anhang zu einer Sache
Appetenz	Begehren, Verlangen (z.B. beim Sex)
Applikation	Zusätzliches Objekt, wie z.B. ein Schmuckornament durch Aufnähen oder auch ein Computerprogramm mit einer nützlichen Zusatzfunktion
A priori	Gemeint ist, was als Bedingungen und Grundlage des Wissens unabhängig von Erfahrungen ist.
Approbation	Staatliche Zulassung für höhere Heilberufe und Apotheker
Aqua-Jogging	Spezielles ganzheitliches Körpertraining im Schwimmbad

Arbitrage	Börsen-Geschäfte, die Preis-, Kurs- oder Zinsunterschiede auf verschiedenen Märkten ausnutzen
Archaisch	Rückgriff auf altertümliche Sprach- und Stilformen
Arriviert	Einer, der beruflichen und gesellschaftlichen Erfolg hat, ist arr…
Art déco	Designstil ca. 1920 bis 1940
Artefakt	Etwas, das künstlich hergestellt wird
Art nouveau	Kunststil Anfang 20. Jahrhundert
Aspirant	Jemand, der Anwärter für etwas ist oder sich bewirbt
Assekuranz	Versicherungswesen
Assimilation	Anpassung verschiedener ethnischer oder gesellschaftlicher Gruppen aneinander
Assoziation	Gedankenverbindung (wie z.B. „Frauen und Paradies", „Trinken und Säuferleber")
Atavismus	Gedankenwelt oder Verhalten, die einem veralteten Weltbild entsprechen
Atheistisch	Nicht an einen persönlichen Gott glaubend, religionslos,
Attaché	Mit speziellen Aufgaben betreuter Beamter in auswärtigen Botschaften
Atrium	Innenhof eines Hauses
Attentismus	Abwartendes Haltung
Attitüde	Werte und Glaubenssätze, die jemand

	im Hinblick auf spezielle Objekte (z.B. Personen, Ideen) hat
Audienz	Wie beim Papst: Zusammentreffen mit einer höher gestellten Person
Audiovisuelle Medien	Kommunikationsmittel; die man hören oder sehen kann, wie z.B. Internet
Audit	Unabhängige Untersuchung, ob Tätigkeiten und Ergebnisse den gesetzlichen und qualitativen Anforderungen entsprechen
Auf dem Quivive sein	Wenn einer das ist, dann ist er besonders gut informiert bzw. passt gut auf und ist clever
Au pair	Aufenthalt in einem anderen Land, um - gegen Verpflegung, Unterkunft und Taschengeld - bei einer Gastfamilie Sprache und Kultur kennen zu lernen.
Authentisch	Echt und ursprünglich
Autismus	Wahrnehmungsstörung des Gehirns mit menschlichen Kontaktproblemen
Autodidakt	(Man muss dafür nicht im Auto diktieren): Einer, der sich Fähigkeiten selbst erarbeitet
Autogen	Von selbst herrührend
Autonom	Unabhängig, selbständig

Aval	Verpflichtung eines Bürgen gegenüber dem Gläubiger eines Dritten, für die Verbindlichkeiten des Dritten einzustehen
Avancen	Wenn jemand einer anderen Person solche macht, dann will er etwas (meist etwas „Liebliches")
Avancieren	Erfolg haben
Avantgarde	Wörtlich das, „was voran schreitet" / Besonders fortschrittliche Leistungen und deren Schöpfer vor allem in der Kunst, Kultur, Architektur
Avatar	Bezeichnung für eine elektronische Kunstfigur, die als Person auf dem Bildschirm erscheint und mit dem Internet-Nutzer interagiert
Avis, Avisieren	Bekanntmachung, Ankündigung / Etwas ankündigen

B

Bachelor	Akademischer Grad, qualifiziert für einen weiterführenden Master-Studiengang
Baisse	(Abschwung, vor allem an den Wertpapierbörsen
Barbecue	(kurz: BBQ) Grillen im Freien mit – hoffentlich – netten Freunden
Basel II	Internationale Vereinbarung zwischen Banken für die Standardisierung bei Kreditvergabe und Eigenkapitalbasis. Dies führt zu eingehender Prüfung der Bonität von Unternehmen..
Basiszinssatz	Dieser wird jeweils am 1.1. und 1.7. jeden Jahres auf den Wert des Zinssatzes für langfristige Refinanzierungsgeschäfte der Europäischen Zentralbank verändert. Er ist auch Grundlage für die Höhe der Verzugszinsen, die Gläubiger ihren Schuldnern berechnen können.

Beau	(Möchten viele Männer gern sein): Schönes Mannsbild, das übertreibt und daher auch als Schönling der Gesellschaft gilt
Benchmark	Topergebnis von anderen Leistungsanbietern zum Vergleich, wie z.b. betriebswirtschaftliche Resultate
Benefit	Eigener Nutzen an einer Sache oder Dienstleistung
Benefizver-anstaltung	Veranstaltung, deren Erlös einem guten Zweck dient
Biennale	Künstlerisches Festival, das alle 2 Jahre stattfindet
Big Data	Bezeichnung für große Mengen an Daten aus verschiedenen Quellen, die gespeichert, verarbeitet und ausgewertet werden
Bilateral	Zweiseitig, z.B. Vertrag zwischen zwei Staaten
Binär	So wird eine Zahlensystem mit nur zwei Zahlen - 1und 0 - bezeichnet.
Blasphemie	Beleidigung einer Gottheit oder etwas Heiligem
Bonifikation	Vergütung bei der Ausgabe von Wertpapieren oder zusätzlich zum Zinssatz einer Spareinlage vergüteter Zins / auch Vermittlungsprovision oder zusätzliche Vergütung von Mitarbeitern bei guter Leistung

Bonität	(Hier braucht bei guter Bewertung der Gerichtsvollzieher nicht tätig zu werden): Kreditwürdigkeit eines Unternehmens oder auch einer Privatperson
Bonmot	(Sollten Sie schon mal öfter von sich geben): Witzige, geistreiche Bemerkung
Bonvivant	Mitmensch, der ganz besonders die sehr angenehmen Seiten des Lebens genießt - wird auch synonym als Lebemann, oder Playboy bezeichnet
Bot	Ein Computerprogramm, das bestimmte Aufgaben automatisiert ausführt
Break-Even-Point	Gewinnschwelle, der Punkt, an dem Erlös und Kosten einer Produktion (oder eines Produktes) gleich hoch sind und somit weder Verlust noch Gewinn erwirtschaftet wird
Bredouille	(Lässt den Blutdruck steigen): Wer darin sitzt, hat erhebliche Probleme.
Brüskiert	Wenn man sich besonders beleidigt, angegriffen, verärgert fühlt, wurde man sehr wahrscheinlich br....,
Bulimie	(Die Kate Moss Krankheit): Essstörung, Ess-Brechsucht

C

Canapée	Kleine belegte und garnierte Appetitschnittchen auf Weißbrot-/Vollkornbrot oder Pumpernickel
Cashback	Angebote, bei dem ein Teil des Kaufpreises nach dem Kauf zurückerstattet wird
CD-ROM	„Compact-Disc-Read-Only-Memory" / Datenträger, der nur gelesen, nicht aber gelöscht werden kann. Weitere Varianten s. unten!
CD-R	„CD-Recordable" / Ein einmal beschreibbarer CD-Rohling
CD-RW	„CD-ReWriteable" / Ein mehrmals beschreibbarer CD-Rohling
C`est la vie	Wörtlich übersetzt „So ist das Leben" / Gemeint ist ein Abfinden mit den Tatsachen – ob schlechte oder gute
Chapeau	Dinglich ist es die französische Bezeichnung für Hut. Bildlich gesprochen bedeutet der Ausdruck „Hut ab" für eine besondere Leistung.

Charisma	(Was Sie als Leser sicher auch ausstrahlen): Die besondere Ausstrahlung einer Person, die andere für diesen spüren
Charta	Satzung für Organisationen
Chateau	Nicht unbedingt ein Schloss, sondern die gut klingende Vorbezeichnung für ein Weingut in Frankeich
Chauvi-nismus	Übersteigertes: Nationalgefühl sowie evtl. auch ein übersteigertes Männlichkeitsgefühl, Abneigung gegenüber oppositionellen Gruppen
Chuzpe	Mut, nicht selten auch mit etwas Frechheit gepaart
Claqueur	(Sollten Sie engagieren, wenn Sie den nächsten Witz erzählen):Bezahlter Beifallklatscher
Click & Collect	Bezeichnung für den Vorgang, dass Ware online bestellt und in einem Ladengeschäft abgeholt wird
Cloud Computing	Die Bereitstellung von IT-Infrastruktur wie z.B. Speicherplatz, und Rechenleistung über das Internet.
Coach / coachen	Trainer oder Berater; der Hilfestellung bei der Erreichung von Zielen leistet (z.B. im Sport, Beruf) / Jemanden betreuend begleiten, trainieren, Erfahrungen weitergeben, beraten, unterstützen

Coiffeur	Nimmt sich den höchsten Punkt mit Umfeld eines Menschen vor. Auch bezeichnet als Frisör, Hairstylist, Haircutter, Barbier, Figaro, Glatzenschneider, Kopfrasenkiller
Comedian	Eine Person, die es sich zum Ziel oder Beruf gemacht hat, Mitmenschen mit seiner performance, expressions, moves oder mittels wordings zum Smiling zu bewegen. (Vokabeln zur Erläuterung im Buch „Anglizismen deutsch erklärt"!)
Comme il faut	„Wie es sich gehört", was man unbedingt beachten sollte
Community	(Engl.: „Gemeinschaft") Website, auf der Teilnehmer mit ähnlich gelagerten Interessen Fragen, Antworten und Erfahrungen austauschen
Conditio sine qua	Unabdingbare Voraussetzung für Etwas; ohne eine bestimmte Leistung wäre kein Erfolg möglich
Conesseur	Besonderer Fachmann oder Kenner auf einem Gebiet
Cookie	(Hat nichts mit Kuchen zu tun): Kleine Dateien, die auf der Festplatte des Besuchers abgelegt werden und oft Informationen über Besuchsdauer und besuchte Seiten enthalten
Courtage	Maklergebühr

Cru	Französische Bezeichnung für die Lage eines Weinberges, wobei der Grand cru die Spitze darstellt
Culpa in Contrahendo	Rechtslage, die besagt, dass ein Geschäftspartner eine Pflicht aus einem vorvertraglichen Schuldverhältnis hat und bei Zuwiderhandlung die andere Partei Schadensersatz verlangen kann
Cum/Cum-Geschäft Cum/Ex-Geschäft	Eine steuerrechtlich problematische Kombination aus dem Verkauf einer Aktie kurz vor dem Dividendentermin und Rückkauf derselben Aktie kurz nach dem Dividendentermin
Curriculum vitae	(Auf einen guten sollte man vor allem bei Bewerbungen achten): Lebenslauf
Cuvée	Mischung verschiedener Weine und/oder Jahrgänge zu einem Schaumwein
Cyber....	Vorsilbe für Bezeichnungen der durch Computer geschaffenen Realitäten

D

da capo	Etwas noch einmal wiederholen (z.B. eine Musikpassage)
d`accord	Synonym für „Einverstanden"
Debitoren	(Bereiten oft Kopfzerbrechen): Geldforderungen gegenüber Kunden
dedizieren	Eine Sache zueignen, widmen
deduzieren	Etwas vom Allgemeinen auf das Besondere ableiten
de facto	So ist es tatsächlich, auch wenn die Hintergründe evtl. noch nicht genau erforscht sind
Defätist	Einer, der die gesellschaftliche oder politische Situation „schlechtredet"
Defilieren	Wie es z.B. das Militär macht: In stolzer Formation vorbei marschieren
Defizit	Fehlbetrag
Defizitär	Gegenteil von profitabel, also verlustreich
Deflation	Abnehmender Geldwert, bzw. der Kaufkraft aufgrund fallender Preise

Degression	Abnahme einer Größe, z.b. der Wirtschaftsentwicklung
Déjà-entendu-Erlebnis	Erinnerungstäuschung /Man meint, etwas schon einmal gehört zu haben
Déjà-vu-Erlebnis	Erinnerungstäuschung / Es entsteht der fälschliche Eindruck, dass man ein Erlebnis bereits einmal identisch erlebt hat
Delcredere	Haftungsübernahme für den Eingang einer finanziellen Forderung
Delegieren	(Kann man, wenn man z.b. Chef ist): Arbeit und Verantwortung an andere übertragen
Delinquent	Straftäter
Demagogisch	Man handelt so, wenn durch geschicktes Reden und Handeln gegen bestimmte Ansichten gehetzt und anderen Personen oder Gruppen eine Denkrichtung aufgedrängt wird
Demenz	Gehirnerkrankung (Alzheimer-Krankheit), die zu stetig nachlassender Gedächtnis- und Erinnerungsfähigkeit führt
Demoskopie	(Was ständig bei den Bürgerinnen und Bürgern erfragt wird): Marktforschung, Meinungsforschung

Denunzieren	(Kommt z.b. in totalitären Staaten vor): Personen bespitzeln und Informationen weitergeben
Depositen	Sicht- und Termineinlagen eines Kreditinstitutes
Derivate	Risikobehaftete "abgeleitete" Finanzgeschäfte. Der Wert hängt von den Preisschwankungen der zugrunde liegenden Waren oder Wertpapiere ab. Hierzu gehören z.b. Optionen.
Dermatologe	Hautarzt
Dernier crie	„Der letzte Schrei" /Das allermodernste
Desavouieren	Einen anderen blamieren oder bloßstellen,
Designieren	Jemanden für eine noch nicht besetzte berufliche Position vorsehen
Deskriptiv	Eine Sache nur beschreibend, um den Ist-Zustand darzustellen
Despot	(Sollen angeblich einige Ehemänner sein): Tyrann, der seine Untergebenen hart angeht
Dessous	(Reizvoll oder nicht): Unterwäsche
Destruieren	Gegenteil von konstruieren: zerstören
Detergentien	(Brauchen Sie auch, wenn Dessous gewaschen werden):Chemische Mittel zur Reinigung von Produkten

Determi-nismus	Lehre von der Unfreiheit des menschlichen Willens (Das sollte man sich mal in Ruhe durch den Kopf gehen lassen!)
Devot	Sich einer Person oder Idee untergeordnet zeigen
Devotionalien	Gegenstände, die zur religiösen Andacht benutzt werden, wie z.B. Kreuze, oder Heiligenfiguren, aber auch Erinnerungsstücke jeder Art
Dezidiert	(Wenn Sie z.B. einen *Standpunkt energisch vertreten, dann handeln Sie so):* deutlich, und nachdrücklich
Dialektik	Gesprächskunst auf hohem Niveau für das man am besten Philosophie studiert hat. / Lehre über die Gegensätze von Begriffen oder Dingen und die Auffindung und Aufhebung dieser Gegensätze
Diametral	Genau entgegengesetzt, völlig unterschiedlich. So wie manche Politiker auf Fragen von Journalisten gern antworten
Digestif	Getränk, das nach dem Essen getrunken wird (z.B. Grappa, Birnenschnaps, Mokka).
Digital	Alles, was mit Ziffern angezeigt werden kann und eine exakte, eindeutige Größe hat. .

Digitale Signatur	Hierunter werden solche elektronischen Signaturen verstanden, die mittels asymmetrischer Verschlüsselung erzeugt und überprüft werden können. Der Ursprung von Daten kann daher eindeutig nachgewiesen werden. Es besteht eine rechtliche Gleichstellung der elektronischen mit der handschriftlichen Signatur.
Dilettant	(Bis zur Perfektion ist es noch ein langer Weg): Handelt im Gegensatz zu einem Profi laien- und fehlerhaft
Disagio	Darlehens-Abgeld
Diskont	Zinsabzug beim Ankauf einer noch nicht fälligen Forderung
Diskurs	Unterhaltung oder öffentliche Diskussion
Dispens	Befreiung von einem Verbot
Display	Werbematerial (z.B. in Schaufenstern)
Dissens	Uneinigkeit über einen Sachverhalt
Discounter	Einzelhandelsgeschäfte, die durch Kosteneinsparungen (z.B. einfachere Sortimentsdarbietung) ein geringeres Preisniveau bieten, wie z.B. Aldi)
Diskreditieren	Durch Verleumdung, Indiskretionen u.ä. den Ruf einer Person untergraben

Diskrepanz	Abweichung, Differenz, Ungleichheit
Dissens	Mangel an Übereinstimmung)
Distribution	Verteilung von Gütern
Divergenz / divergierend	Auseinanderentwicklung von Objekten oder Prozessen / Ungleich, Auseinander strebend
Diversifikation	Ausweitung des Aktivitätsspektrums eines Unternehmens, um den Ertrag durch bessere Streuung zu erhöhen
Dogma	Als nicht hinterfragbar dargestellte Lehrmeinung (Beispiel Glaubenssätze in der Katholischen Kirche)
Domain	Internetbereich, der über eine Adresse definiert ist und aus verschiedenen Teilen besteht / Am Ende steht die Top-Level-Domain die ein Land oder eine Kategorie) kennzeichnet.
Domestizieren	Veränderungsprozess, bei dem Tiere durch den Menschen von der Wildform isoliert gehalten werden, um diese im Haus zu nutzen (Dies versuchen Frauen bei ihren Männern)
Donum vitae	Verein für Schwangerschaftskonfliktberatung
Dossier	Unterlagen über Objekte oder Sachverhalte
Dot-com	Kurzform für eine sog. Dot-com-Company, die ihre Geschäfte vor allem durch das Internet tätigt

Dow Jones	Kursbarometer der amerikanischen Börse in New York
Dr.	Zu den wichtigsten Abkürzungen gehören: Dr. rer. nat. (Naturwissenschaften), Dr. phil. (Geisteswissenschaften), Dr. jur. (Rechtswissenschaft), Dr. rer. oec. (Wirtschaftswissenschaft), Dr. med. (Medizin), Dr.-Ing. (Ingenieurwissenschaften)
Drainage	Ableitungskanal zur Entwässerung
Dschihad	Stellt als „Heiliger Krieg" wichtiges Glaubensprinzip des Islam dar
Dual	Aus zwei Teilen bestehend
Dubios	Zweifelhaft, wenig oder gar nicht durchsichtig
Dysfunktion	Gestörte Tätigkeit eines Objektes

E

Eau de vie	Aus Obst oder Wein destillierter Schnaps
Eau de Cologne	„Kölnisch Wasser" /Ein Oldie unter den Duftanreicherern
Echauffieren	Sich über eine Sache besonders erregen
E-commerce	Elektronischer Handel im Internet
Editorial	Herausgebervorwort oder Leitartikel einer Zeitschrift oder Zeitung
Effekten	Oberbegriff für fungible Wertpapiere, z. B. Anleihen und Aktien
Effizienz	(Wenn nach der Arbeit auch etwas rauskommt): Wirkungsgrad
Eklat	Skandal, öffentlich großes Aufsehen erregender Vorfall.
Eloquenz	Beredsamkeit
ELSTER	Bezeichnung für die ELektronische STeuer ERklärung, die eine Datenweitergabe an das Finanzamt über Internet ermöglicht

Emanzipation	Befreiung (z.b. aus rechtlicher oder psychischer) Abhängigkeit
Embargo	Ausfuhrverbot bestimmter Güter (z.B. Kriegswaffen) in Krisengebiete
Emeritiert	Enthebung eines Hochschullehrers von der Pflicht zur Lehrtätigkeit (meist altersbedingt)
Emerging Market	Sammelbezeichnung für aufstrebende Volkswirtschaften Lateinamerikas, Asiens und Afrikas.
Emission	Ausgabe neuer Aktien
Emoji	Piktogramm, das vorwiegend bei Chats oder der SMS-Kommunikation verwendet wird
Emoticon	(Hier kann man Gesicht zeigen): Grafische Darstellung eines Lächelns durch einen sog. Smiley, der in Mails oder Chaträumen den Gemütszustand des Autors ausdrückt
Emotionale Intelligenz	(Sollte jeder haben): Intelligenter Umgang mit den eigenen Gefühlen
Empathie	Verständnis, Fähigkeit und Bereitschaft, die Situation anderer Menschen nachzufühlen
Empirisch	Wissenschaftliche Erkenntnisse aus Erfahrung, Beobachtung Experiment , die sich nachweisen lassen
Endogen	Von innen kommend

Endorphine	Körpereigene Wirkstoffe (Hormone), die im Zentralnervensystem gebildet werden und schmerzlindernde Wirkung haben
Enfant terrible	(Französisch „schreckliches Kind") Person, die übliche gesellschaftliche Umgangsregeln missachtet und durch seltsame Aktivitäten Aufsehen erregt.
en passant	Beim Vorbeigehen, so nebenbei
Enquete	Umfrage
entre nous	(Dann wird es meist gemütlich oder ehrlicher): „Unter uns", im eigenen gewohnten Personenkreis
en vogue	Was eben so die meisten mögen: Modern, der letzte Schrei
Episch	Erzählerisch sehr ausführlich berichtend und in „epischer" Breite alle Einzelheiten enthaltend
Epochal	Über die Zeit hinaus bedeutsam, Aufsehen erregend, bedeutend.
Erektile Dysfunktion	Anderer Begriff für sexuelle Schwäche bei einem Mann
Ergonomie	Wissenschaft über die menschlichen Leistungsmöglichkeiten und -grenzen sowie Belastungsfaktoren der Arbeit
Ergonomisch	Körper unterstützend
Erratisch	Synonym für „vereinzelt" oder „verirrt"
Eruieren	Einen Sachverhalt ermitteln

Eruption	Ausbruch (z.B. bei einem Vulkan)
Esoterik	Überbegriff für das breite Spektrum von verschiedenen Weltanschauungen / Befasst sich mit Unergründlichem, Nichtwissenschaftlichem bis zum Geheimen, Okkulten, Spirituellen
Essay	Geistreiche Abhandlung, in der vielfältige Themen aus verschiedenen Perspektiven betrachtet werden
Ethisch	Dies meint, dass etwas moralisch ist
Ethnisch	Völkische, rassische Zugehörigkeit
Euphemismus	Wörter oder Formulierungen, die einen anstößigen oder gefürchteten Sachverhalt beschönigen oder verschleiern
Euphorisch	Das ist man, wenn die Stimmung ein besonderes Hochgefühl aufweist und die Zukunft nur noch rosig erscheint
Euro-STOXX	Kursbarometer der 50 größten Aktien im Bereich des Euro
Evaluation	Aktuelle Bewertung eines Projektes anhand bestimmter Kriterien und Erklären der Verbesserungspotentiale
Evidenz	Umgangssprachlich bedeutet das Offenkundigkeit und völlige Klarheit
Evidenz-zentrale	Zentrale Erfassungsstelle für Informationen in einem Fachbereich
Ex ante	Im Voraus,vorab

Excel	Tabellenkalkulationsprogramm / Es gehört zu den sogenannten Office-Programmen von Microsoft.
Exlibris	Bucheignerzeichen, die zur Kennzeichnung von Büchern und deren Eigentümer dienen
Expertise	Gutachten eines Experten (z.B. im wissenschaftlichen oder künstlerischen Bereich)
Explizit	ausdrücklich, deutlich
Exposé.	Kurze Beschreibung eines Objektes (z.B, einer Immobilie)
Exzessiv	Übertrieben maßlos

F

Facetten	Verschiedene Seiten einer Sache
Faible	Vorliebe für eine Sache oder eine Person
Fair Trade	Unter dieser Bezeichnung werden Waren angeboten, die im Ursprungsland zu fairen Preisen eingekauft werden, d.h. dem Erzeuger eine angemessene Gewinnspanne bieten.
Fait accompli	Vollendeter Tatbestand, woran nicht mehr zu rütteln ist
Faksimile	Eine Nachbildung (wörtlich: „Genau so gemacht")
Fakturierung	Eine kaufmännisch korrekte Rechnung an Kunden erstellen
Fakultativ	Gegenteil von obligatorisch: freiwillig, nicht verbindlich
Falsifikat	Gefälschtes Produkt, bei dem die Rechte des Markenherstellers verletzt werden und das Objekt mit dessen Markenbezeichnung angeboten wird

Falsifizieren	Widerlegen, insbesondere durch Überprüfung in der Realität
Farce	Meist im Sinne von „geringwertiger Sache, Unsinn" gemeint
Fauxpas	(Sollten Sie möglichst gegenüber Ihren Mitmenschen selten begehen): Taktlosigkeit, Fehlverhalten
Fazit	Was am Schluss bei einer Sache herauskommt: Ergebnis
Feature	Dokumentarbericht in Funk, Fernseher oder Presse
Feindliche Übernahme	Keine Kriegshandlung, sondern Versuch eines Unternehmens, ein anderes gegen dessen Willen zu übernehmen
Feuilleton	Rubrik in einer Zeitung oder Zeitschrift, die überwiegend kulturelle Beiträge enthält
Finalist	Endspielteilnehmer
Finalität	Diese liegt vor, wenn der sichtbare Zusammenhang von Ursache und Wirkung auf eine bewußte Zielsetzung und Mittelwahl zurückgeführt werden kann.
Fiskus	(„Sehr beliebte" Institution, auch Fies-Kuss genannt) Steuer einnehmender Staat ,der sich konkret durch das Finanzamt zeigt

Flamboyant	Flammend, im erweiterten Sinn „energisch"
Flexibilität	Maß für die Anpassungsmöglichkeit an geänderte Bedingungen, wie z.B. im Beruf oder Privatleben
Flipper	Im Wirtschaftswesen Bezeichnung für einen Investor, der Aktien von neu an der Börse eingeführten Unternehmen erwirbt, um sich bei Kurssteigerung rasch wieder davon zu trennen
Flop	Totaler Fehlschlag einer Aktivität
Fokus / fokussieren	Wenn man im Fokus (Brennpunkt) steht, dann wird man besonders in Augschein genommen /Jemanden intensiv beobachten
Fördera- lismus	Politisches System, bei dem ein Staat aus autonomen Einheiten (Gliedstaaten) besteht, die in Teilbereichen selbständige Entscheidungen treffen können
Fonds	Sammlung von Anteilen an verschiedenen Unternehmen
Format	(Dies sollte jede Person haben!): Gemeint ist neben der bekannten Bedeutung aber zunehmend auch das Konzept und die Struktur einer Sendung im Fernsehen oder Rundfunk

Fraktion	Gruppierung einer Partei im Bundestag
Franchise	Vertraglich vereinbarte eigene finanzielle Beteiligung eines Versicherungsnehmers bei einem Versicherungsfall
Franchising	Geschäftsmodell (im Einzelhandel und bei Dienstleistungsunternehmen) bei dem der Betreiber selbständig ist, aber vereinbarte Bestimmungen, wie z.B. das Erscheinungsbild des Systemgebers, beachten muss
Frankophil	Franzosenfreundlich und allem besonders zugeneigt, was aus Frankreich kommt
Frappierend	Wenn Sie selbst ganz erstaunt sind, dann haben Sie so etwas vor sich: etwas Verblüffendes
Fundus	Grundlage
Fungibilität	Austauschbarkeit von Sachen, die nach Zahl, Maß oder Gewicht bestimmt werden können, z.B. . Anleihen oder Aktien
Fusion	Verschmelzung von Unternehmen zu einer Einheit

G

Gaga	Wenn etwas so ist, dann ist es verrückt, irre
Gender	In Abgrenzung zu ihrem biologischen Geschlecht: Die durch die Gesellschaft und Kultur geprägten Geschlechtseigenschaften einer Person
Generieren	Etwas – wie ein Generator – in Gang setzen oder erzeugen
Genre	Richtung in einem Kunstbereich
Genius loci	Der besondere, einzigartige Charakter eines Ortes (Wenn das WC, oder Office mit Palmen, Honigkerzen, Persern und Wandgemälden ausgestattet ist)
Gerontologie	(Interessiert meist nur Rentner und Pensionäre): Wissenschaft vom Altern und den Alterungsprozessen
Global	weltumspannend
Globalisierung	Prozess der zunehmenden weltweiten Vernetzung der Wirtschaft, Kulturen und Gesellschaften

Globuli	Arzneimittel in Form von kleinen Kügelchen
Gratisaktie	Leider nichts, was umsonst an jeden Interessenten verteilt wird, sondern eine Aktie, die ausgegeben wird, wenn eine Aktiengesellschaft offene Rücklagen in Grundkapital umwandelt
Glossar	Das was Sie mit diesem Buch vor sich haben: Wörterverzeichnis mit Erklärungen
Grand cru	Besonderer Wein mit hoher Qualität

Habilitation	Prüfung, mit der in einem P akademischen rüfungsverfahren die Lehrbefähigung für Hochschulen in einem wissenschaftlichen Fach festgestellt wird
Hacker	Meist widerrechtlich handelnde Personen, die unberechtigt in andere Computersysteme eindringen
Halbwertzeit	Zeitdauer, innerhalb der radioaktive Elemente bis zur Hälfte des Anfangswertes zerfallen sind
Halluzino-gene	Substanzen, die zu erheblichen Wahrnehmungsveränderungen führen
Happy hour	Zeit, in der man sich zum halben Preis einen hinter die Binde kippen kann.
Hartz IV	(Hat leider nichts mit dem bekannten Mittelgebirge zu tun): Staatliches Konzept mit dem Ziel, vor allem Langzeit- Arbeitslose zu fördern und finanziell zu unterstützen
Hausse	Kursanstieg an der Börse

Haute Couture	Ausgefallene Damenmode, die sich nur wenige Frauen leisten können.
Hedonismus	Streben nach Genuss / Sinnesfreude
Hegemonie	Vormachtstellung eines Staates
heterogen	Uneinheitlich (Gegensatz: homogen)
Heu-schrecken	So werden manchmal ausländische Investoren bezeichnet, die mit größeren finanziellen Mitteln vorher nicht verbundene Firmen aufkaufen
Hic et nunc	Synonym für „Hier und jetzt"
Holocaust	Meist in Verbindung mit der Nazi-Diktatur verwendet: Massenmord
Hommage	Öffentliche Respektsbezeugung gegenüber einer meist berühmten Person, die sich für eine Sache besonders eingesetzt hat
Homogen	Gleichartig, einheitlich
Homophil	Dem eigenen Geschlecht zugeneigt
Homophobie	Ablehnende, feindliche Haltung gegenüber Homosexuellen
Hooligan	Personen, die vorwiegend bei größeren Sportveranstaltungen durch aggressives Verhalten auffallen
Hors-d'oeuvre	Kalte Vorspeise (z.B. Kaviar, Krabbencocktail, Canapés)
Hospitanz	Unterstützung
Hospiz	Einrichtung der Sterbebegleitung.

Hurenkind	Hat mit Prostitution nichts zu tun, sondern ist ein Begriff aus der Druckersprache: Es bezeichnet eine letzte Absatzzeile, die durch den Seitenumbruch vom Rest getrennt ist.
Hypochondrie	Psychische Störung / Betroffene haben - ohne Grund - Angst, eine ernsthafte Erkrankung zu haben
Hypothese	Annahme, dass sich etwas in eine bestimmte Richtung entwickelt

I / J

Java	Nicht nur eine schöne Insel, sondern auch eine Softwaretechnologie
Identität	Der Charakter und die besondere Eigentümlichkeit eines Menschen, der ihn als Individuum von anderen Personen unterscheidet
Ideogramm	Schriftzeichen, das einen ganzen Begriff ausdrückt (z.B. chinesische Schriftzeichen) ohne bildhafte Assoziationen
Idiom	Besondere Ausdrucksweise einer Sprachgemeinschaft
Immunität	Unempfindlichkeit des Körpers gegen Infektionen, aber auch der Schutz von Politikern vor Strafverfolgung.
Impertinent	Zudringlich, unverschämt
Impetus	Impuls, (innerer) Antrieb
Implemen-tierung	Hinzufügen. Einrichtung von Funktionen
Implizit	Aus dem Zusammenhang zu erschließen

Impondera-bilien	Unwägbarkeiten, Risiken, die nicht vorhersehbar sind (Wie z.B. der Fortbestand einer Ehe!)
Inauguration	Feierliche Einführung in ein Amt
Index	alphabetisches Register
Indifferenz	Gleichgültigkeit
in dubio pro reo	Juristische Regel: Im Zweifel für den Angeklagten
Indikator	Kennzahl, die bestimmte Zustände anzeigt
Indizieren	Auf etwas hinweisen, anzeigen
Infam	So bezeichnet man im gewöhnlichen Sprachgebrauch ein ehrloses Handeln
Infantil	Kindlich, kindisch
Infiltrieren	Unterwandern, einschleichen
in flagranti	(Am besten, Sie lassen sich so nicht erwischen): „Auf frischer Tat" / Delikt, das die Polizei verfolgen kann
Infrastruktur	Die organisatorischen und wirtschaftlichen Grundlagen für eine funktionierende Volkswirtschaft
Inkasso	(Für manche Firmen ein harter Kampf): Einziehung von Außenständen bei den Schuldnern
Inklusion	Gemeinsamer Unterricht von behinderten und nicht behinderten Schülern

Inkontinenz	Undichtigkeit im menschlichen „Abwässersystem"
in medias res	Kein Geschwafel, sondern zur Sache und „auf den Punkt" kommen
Initiieren	Etwas anregen, in Gang setzen
Innovation	Die Schaffung von etwas Neuartigem, was bisher noch nicht in dieser Form existierte
I.N.R.I.	Initialen am Kreuz Jesu. / Sie bedeuten: Iesus Nazarenus Rex Iudaeorum = Jesus von Nazaret, König der Juden
Insistieren	Auf etwas beharren - kann für Gesprächspartner sehr lästig sein
in situ	An Ort und Stelle, vor Ort
Insolvenz	Zahlungsunfähigkeit von Unternehmen oder Privatpersonen
Instruieren	Jemanden in einen Sachverhalt einweisen, genau Informieren „was Sache ist"
Integration	Einbeziehung, Einbindung, z.B. von Personen in eine Gruppe
Inter-dependenz	Gegenseitige Abhängigkeit
Intermediär	Vermittler
Interregnum	Übergangsphase zwischen zwei Institutionen (z.B. Regierungen)
Intranet	Firmeninternes Computer-Netzwerk

Investigativ	Forschend, aufdeckend
Investivlohn	Lohnanteil, der nicht bar ausgezahlt, sondern für einen festgelegten Zeitraum im Unternehmen investiert oder in einem Fonds festgelegt wird
in vitro	im (Reagenz-)Glas, das heißt außerhalb des lebenden Organismus
In-vitro-Fertilisation	„Befruchtung im Glas" / Methode zur künstlichen Befruchtung, wenn das übliche Procedere erfolglos bleibt
Involviert	Bei einer Sache beteiligt, einbezogen
Jour fix	Fester Termin für Meetings (z.B. bei Mitarbeiterbesprechungen)
Irritation	Verwirrung über etwas
Iterativ	So handelt man, wenn man sich der endgültigen Lösung annähert
Jurisprudenz	Rechtswissenschaft

K

Kakophonie	(Hier sollten Sie sich die Ohren zuhalten): Missklang bei der Musikwiedergabe durch unharmonische Töne oder Akkorde
Kalamität	(Hoffentlich kommen Sie nicht in solche): Besondere Problemsituation
Karzigonen	Krebserregend
Kiosk	Hierunter ist nicht nur das Büdchen um die Ecke zu verstehen, sondern ein öffentliches Terminal,, d.h. Benutzerendgerät mit Internetzugang
Klammeraffe	Als @ Bestandteil jeder E-Mail Adresse, Benutzername steht davor
Klausto- phobie	Krankhafte Angst vor einem Aufenthalt in geschlossenen Räumen
Koalition	Vereinigung, Interessengemeinschaft, wie z.B. Zusammenarbeit zwischen politischen Parteien
Kodex	Zusammenstellung von Normen und Verhaltensregeln.

Kognitiv	Das sind alle Funktionen der im Gehirn zur Informationsverarbeitung ablaufenden Prozesse
Kompatibel	Fähig, sich mit anderen Elementen zu verbinden / Unter Kompatibilität wird z.b. auch die Verträglichkeit von unterschiedlichen Hardware- und Softwarekomponenten verstanden
Kollateral- schaden	Unbeabsichtigter, Kauf genommener Schaden bei Kriegshandlungen
Kommuniqué	Amtliche Verlautbarung,
Kondominium	Gemeinsame Herrschaft mehrerer Staaten über ein Gebiet
Konfiguration	Zusammenstellen und Anpassung eines Computer-Systems, der Geräte und der Programme an die Gegebenheiten des Systems
Konfor- mismus	Bereitschaft, die vorherrschenden Ansichten zu akzeptieren
Kongenial	Von gleichem Rang, ebenbürtig
Konglomerat	Gemisch verschiedener Teile
Kongruent, Kongruenz	Übereinstimmend, Übereinstimmung
Konkludent	Begriff aus dem Juristischen: Ein Verhalten ist konkludent, wenn es auf eine bestimmte Willenserklärung schließen lässt. (Z.B. Handheben bei einer Versteigerung = Bietangebot).

Konnektivität	Verbindungen eines Netzwerks
Konnotation	Nebensinn oder Nebenbedeutung
Konsens	Übereinstimmung
Konsoli-dierung	Stabilisierung einer Situation, z-B. der finanziellen Lage eines Unternehmens
konspirativ	Geheime politische Zusammenarbeit mit zerstörerischem Charakter
konsterniert	Fassungslos, in Verlegenheit gebracht, verwirrt
Kontext	Zusammenhang /Vor allem verstanden als gemeinsame Verknüpfungsebenen bei der Kommunikation von Inhalten
Kontra-produktiv	Wenn etwas so ist, dann ist es nicht zweckdienlich, sondern erschwert das Erreichen des Ziels
Kontrovers	Gegensätzlich
Konvergenz	Zusammenstreben und Aufgehen von Einzelbereichen zu einem Ganzen
Konvergenz-kriterien	Wirtschaftliche Voraussetzungen, die ein Land erfüllen muss, um an der EWWU teilnehmen zu können
Konvertibel	Eine Währung ist konvertibel, wenn man sie unbegrenzt in andere Währungen umtauschen kann.
Konvolut	Zusammengestellte Objekte
Konzentrisch	Etwas symmetrisch, um eine gemeinsame Mitte angeordnetes.

Korrelation	Wechselbeziehung
Koscher	Speisen sind in diesem Sinne, wenn sie den Vorschriften der jüdischen Speisegesetze entsprechen
Kryptisch	Unverständlich oder unklar
Kulminations-punkt	Gipfelpunkt einer Entwicklung
Kurator	Gerichtlich bestellter Aufseher für eine natürliche oder juristische Person oder im Museumsbetrieb Verantwortlicher für eine Sammlung

L

Laisser-faire	Gewährenlassen, das heißt: Die Entwicklung einer Sache oder Situation nicht oder nur wenig beeinflussen / Viele Eltern erziehen ihre Kinder nach diesem Prinzip (mit unterschiedlichem Erfolg).
laizistisch	Hiermit wird eine Haltung bezeichnet, die den Einfluss von Laien in der Kirche stärken möchte
Lamento	(Kommt auch in manchen Ehen vor): Wehgeschrei, großes „Palaver"
lapidar	Wenn man etwas Einfaches und allen Bekanntes sagt: simpel
larmoyant	Weinerlich, rührselig.
Lasziv	Bezeichnung für ein übertrieben sinnliches Verhalten (Wenn sich z. B. eine Frau entsprechend reizvoll in Positur setzt)
Legislative	Gesetzgebende Institution in einem Land, wie in einer Demokratie das Parlament

Liaison	Liebesbeziehung
Lingerie	Feinere Bezeichnung für hochwertige Damenunterwäsche, die synonym ist für die Bezeichnungen „Dessous", „Unterwäsche", oder auch evtl. "Reizwäsche".
Linux	Freies Multiplattform-Mehrbenutzer-Betriebssystem für Computer
liquide	(Sollte man immer sein, um nicht pleite zu machen): Ausreichend mit finanziellen Mitteln ausgestattet
Lobby	Interessengruppe von Verbänden, Unternehmen und anderen Institutionen, die durch vielfältige Aktivitäten versucht, Entscheidungen zu beeinflussen
Location	Ort des Zusammentreffens - oft im Mediengeschäft verwendet für einen Drehort oder Schauplatz für Veranstaltungen, Filme, Werbung u.ä.
Logistik	Alles was mit dem Transport von Waren zu tun hat
Logografie	Wiedergabe von Wörtern durch Wortzeichen
Logogramm	Zeichen für ein Wort (z.B. ZDF, FAZ)
Luzide	klar, einleuchtend
Lyse(thera-pie)	Auflösung von Verengungen und Abflusshindernissen im Körper,

M

Maastricht Vertrag	Gemeint ist hiermit der 1992 in Maastricht vom Europäischen Rat unterzeichnete Vertrag über die Europäische Union (meist kurz als Vertrag von Maastricht bezeichnet). Hierdurch wurde die Europäische Union als übergeordneter Verbund für die Europäischen Gemeinschaften geschaffen.
Makro	Wörter, die hiermit beginnen, bezeichnen etwas mit einem größeren Format in einem bestimmten Bereich.
Makulatur	Abfall, etwas, das nicht mehr zu gebrauchen ist
Mandat	Vertretungsauftrag, den z.B. ein Mandant seinem Rechtsanwalt erteilt
Manifest	Öffentliche Erklärung von Zielen und Absichten
Mantra	Formelhafter Spruch
Marge	Differenz zwischen An- und Verkaufspreis

Marginal	Nebensächlich, nur am Rande wichtig
Marinieren	Einlegen von Fleisch, Gemüse oder Obst in Flüssigkeiten
Master	Der Master ist - nach dem Bachelor oder einem ähnlich qualifizierten Abschluss - der zweite akademische Grad, den Studenten an Hochschulen als Abschluss einer wissenschaftlichen Ausbildung erlangen können.
Matinée	Veranstaltung an einem Vormittag
Mediation	Verfahren zur Konfliktbehandlung, bei dem die Leitung des Verfahrens einer unabhängigen, sachkundigen und neutralen Vermittlungsperson (Mediator/in) übertragen wird
Medien	Kommunikationsmittel, um Informationen weiterzugeben, wozu vor allem Fernsehen, Zeitungen, Prospekte, Radio gehören
Melange	Mischung verschiedener Teile / Vor allem als Kaffeespezialität in Österreich bekannt
Menage-à-trois	Dreierverhältnis / Eine Person hat noch zwei andere Liebhaber (Ob das auf Dauer gut geht.....?)
Memo	Kurzfassung für Memorandum, was z.B. eine Notiz mit etwas besonders Bemerkenswertem, eine Denkschrift oder Stellungnahme sein kann

Menopause	(Hat mit einer ausgedehnten Arbeitspause im weitesten Sinn zu tun): Zeitpunkt nach der letzten Regelblutung bei einer Frau
Menu	Außer im Restaurant : Auswahlliste auf dem Bildschirm mit dessen Hilfe die Programmfunktionen. übersichtlich gemacht werden
Meta...	Voranstellung vor Substantiven / Meint, dass sich etwas auf höherer Stufe oder Ebene befindet, darüber geordnet ist oder hinter etwas steht
Metapher	Hierbei wird ein Wort nicht in seiner wörtlichen, sondern in einer übertragenen Bedeutung verwendet.
Migrant	Jemand, der in einem anderen Land als im Aufenthaltsland geboren wurde, sowie seine Nachkommen
Mikro...	Wörter, die hiermit beginnen bezeichnen etwas mit einem kleineren Format in der jeweiligen Kategorie
Mikro-Finanzierung	Die Vergabe von sehr kleinen Kreditsummen an Menschen, die auf Grund ihrer Armut und mangelnden Bonität keine Kredite von den etablierten Kreditinstituten erhalten (Wie z.B. in Bangladesch)
Mikrozensus	Stichprobenerhebung über den Bevölkerungsbestand in einem Staat

Misantrop	Ein Menschenfeind, der mit anderen Menschen nichts zu tun haben möchte und häufig ein zurückgezogener Einzelgänger ist
Mobbing	Feindsselige und abschätzige Behandlung einzelner Arbeitnehmer am Arbeitsplatz
Modul	Baustein oder Bauelement bzw. ein Teil eines größeren Systems
Modus operandi	Mit der so bezeichneten Methode wird z.B. zur besseren Ermittlung eines Täters versucht, das Verhalten oder Persönlichkeitsprofil einer Person zu beschreiben.
Monieren	Etwas kritisieren (Wenn es zu stark ist nennt man es auch „nörgeln")
Monitoring	Überwachung bestimmter wichtiger Informationen (z.B. am PC)
Morbid	Leidend, von Krankheit gekennzeichnet, im Verfall begriffen
Multis	Hiermit werden vor allem multinationale Konzern (sog. Globalplayer) bezeichnet
Multikulti	Abkürzung für Multikulturalismus, der ein Nebeneinander von ethnischen und kulturellen Gruppen meint
Multimedia	Integration von Informationen, die aus Text, Grafik, Tönen und bewegten Bildern bestehen können

Multipel	Bezeichnung für „mehrfach" auftretend (Zusammensetzungen sind z.B. multiple Sklerose oder auch multipler Orgasmus)
Mutieren	Den bisherigen Zustand verändern, sich verwandeln
Mystisch	Wird im Sinne von unerklärbar und geheimnisvoll verwendet

Navigator	(Auch Navi genannt). Für viele eine fast unentbehrliche Leithilfe zur Wegfindung
Neoliberal	Politisches Konzept, das eine freie Marktwirtschaft befürwortet
Nepotismus	Vetternwirtschafr
Netiquette	Freiwillige Verhaltensregeln für die Teilnahme am Internet
Neuemission	Erstmalige Platzierung eines Wertpapiers am Kapitalmarkt
Newsgroups	Diskussionsforen im Internet zu verschiedensten Themen, an denen jeder Internet-Nutzer teilnehmen kann
nolens volens	Ausdruck dafür wenn etwas halb freiwillig, halb unfreiwillig geschieht
Nonchalance	Ruhig und unemotionale Haltung
Normativ	Vorschreibend im Gegensatz zu deskriptiv
Numerus clausus	Zahlenmäßige Beschränkung der Zulassungen von Bewerbern (z.B. zum Hochschulstudium)

O

Obligatorisch	Zwingend vorgeschrieben und verbindlich (z.B. durch ein Gesetz), also ein „Muss"
Obligo	Verpflichtung, Haftung für eine Sache; man ist z.b. „im obligo"
Obsolet	Überholt
Oeuvre	Gesamte schöpferische Produktion eines Künstlers oder Autors
Oligopol	Marktform mit wenigen Anbietern und vielen Nachfragern
Ombudsmann	Unabhängig, unparteilich arbeitende Schlichtungsstelle (Art Schiedsmann)
Ominös	Anrüchig, zweifelhaft
Ondit	(Was so alles gesagt und vermutet wird): Gerücht
Onkologie	Teilgebiet der Medizin, das sich mit Krebserkrankungen befasst
Oologie	Spezialgebiet der Vogelkunde
Opponieren	Gegenteiliger Meinung sein
Opportun	Angemessen

Opportu-nismus	Anpassung an die jeweilige aktuelle Lage, d.h. was gerade für die eigenen Interessen nützlich ist
Option	Wahlmöglichkeit
Optimum	Das beste Resultat unter Abwägung verschiedener Aspekte (nicht zu verwechseln mit „Maximum")
Opulent	Üppig (Kann z.B. ein Essen bei Einladungen sein)
Ostentativ	Zur Schau gestellt, betont sichtbar
Oszillation	Regelmäßig wiederholende Vorgänge

P

Palliativ	So bezeichnet man eine lindernde Behandlung, die zur Entlastung der Krankheitssymptome führt, aber keine Heilung bewirken kann. Palliativ-Stationen versorgen Unheilbare und Sterbende.
Pandemie	Weltweit verbreitete Epidemie
Paradigma	Allgemeine Betrachtungsweisen über Wertvorstellungen, die unter den Mitgliedern einer Gemeinschaft – z.B. auch als Vorbild - anerkannt sind
Parafieren	Von staatlicher Seite „absegnen"
Parameter	Ein Wert oder eine Option, die für ein Programm angegeben wird
Paranoia	Persönlichkeitsstörung mit Wahnvorstellung
Parcours	Rennstrecke
Parodie	In verzerrter Form vollzogene Nachahmung bekannter Werke
Pauperismus	Armut

Pedanterie	Verhalten mit übertriebenem und übergenauem Ordnungssinn.
Perdu	Verloren
Peripher	Nicht nennenswert, „am Rande"
per Saldo	(Was am Schluss rauskommt): Im Endeffekt
Persiflage	Ironische, meist geistreiche und kritische Verspottung eines Sachverhaltes
Persona non grata	Diplomaten, die aus diversen Gründen ein Land verlassen sollen, können aus diesem verwiesen werden, indem man sie zur Persona non grata erklärt. Sie müssen innerhalb kurzer Frist das Gastland verlassen
Peter-Prinzip	Das von L. J. Peter publik gemachte Prinzip, wonach jemand so lange befördert wird, bis eine individuelle Stufe der Unfähigkeit erreicht wird
Petition	Bitte an eine zuständige Behörde oder entscheidungsbefugte Institution
Phobie	Krankhafte Angst (Wenn man z.B. einen Aufzug oder Höhen fürchtet und sich gegen Etwas sehr sträubt)
Pitoresk	Malerisch
Placebo	Scheinmedikament ohne Wirkstoffe / Dient der Forschung oder auch psychologisch der Genesung

Plafond	Obergrenze, z.B. bei Krediten
Plagiat	Widerrechtliche Nachahmung eines Werkes
Plenum	Vollversammlung des Parlaments, Tagung
Pleonasmus	Hiervon spricht man, wenn innerhalb einer Wortgruppe eine gleichwertige Bedeutung zum Ausdruck gebracht wird ohne eine zusätzliche sinnvolle Information zu enthalten (z.B. weißer Schimmel, flüssiges Wasser)
Piktogramm	Einzelnes Symbol, das eine Information durch vereinfachte grafische Darstellung vermittelt
Pluralismus	Akzeptanz / Koexistenz vor allem verschiedener Lebensstile, Religionen und Interessen
Polarität	Das Verhältnis zweier entgegengesetzter Pole, ,z.B. bei Meinungen, Kräften oder Dingen
Polemisieren	Scharf, argumentieren und meist unsachlich kritisieren
Polyamorie	Zustand, bei dem eine Person mehr als eine andere gleichzeitig liebt
Polyglott	Mehrsprachig, vielsprachig
Populismus	Politik, die durch Dramatisierung gewisser Aspekte und Demagogie (Volksverhetzung) die Gunst der Massen zu gewinnen sucht

Portal	Startseite mit einem Verzeichnis anderer Webpräsenzen, wie z.B. die Seiten von Online-Diensten
Portefeuille/ Portfolio	Im Wirtschaftsbereich, Bank- und Börsenwesen ist hiermit der Bestand an Wertpapieren und anderen Vermögenswerten gemeint
Postfaktisch	Kennzeichnung für Informationen, die nicht auf Fakten beruhen
Postmoderne	Hat nichts mit der Briefzustellung zu tun, sondern meint die jüngste Kunstrichtung
Postmortal	Das, was nach dem Tode passiert
Präambel	Meist feierliche, in gehobener Sprache abgefasste Erklärung am Anfang einer Urkunde
Präfix	Vorsilbe
Präventiv / Prävention	Vorbeugend / Vorbeugung
Prepaid-Karte	Guthabenkarte, die die Nutzung von Dienstleistungen oder Waren über vorausbezahlte Guthabenkonten ermöglicht
Prêt-à-porter	Mode, „Ready-to-wear" die „direkt zum Tragen" ist und im Gegensatz zur Haute Couture nicht nur für den Laufsteg geschaffen wurde (Synonym: „von der Stange")

Pretiale Lenkung	Indirekte Lenkung
Primus inter pares	Leiter einer Gruppe von gleichberechtigten Mitgliedern
Priorisierung	Einstufung nach Wichtigkeit und Bedeutung einer Sache
Procedere	Hiermit ist der Handlungsablauf, das Vorgehen bei einer Sache gemeint
pro domo	Eine Sache im eigenen Sinne verfolgen und interpretieren (z.B. bei Angeboten von Produkten)
Profan	Besonders simpel, wenig qualifiziert
Profund	Schwergewichtig, kräftig
Promiskuität	Sexualverhalten, das durch rege Kontakte mit häufig wechselnden Partnern gekennzeichnet ist
Prophylaxe	Vorbeugung, z.B. gegen Krankheiten
Provenienz	Nachgewiesene Herkunft einer Ware
Psychodelisch	Bewusstseinsveränderter Zustand der Psyche sowie Charakterisierung von Musik und anderen Medien, die das Bewusstsein beeinflussen möchten
Purismus	Bemühung, etwas frei von fremden Einflüssen zu halten

Quartil	Statistische Bewertungsgröße.
Quellcode **Quelltext**	Begriff aus der Informatik / Darunter versteht man den für Menschen lesbaren in einer Programmiersprache geschriebenen Text
Quellen-steuer	Unmittelbar an der Quelle - als bei den Kapitalerträgen von Geldanlagen - erhobene Steuer
Quintessenz	Das Wesentliche bzw. der Kern einer Sache
Quod erat demonstran-dum	„was zu beweisen war"
Quorum	Anzahl der bei einer Abstimmung anwesenden Stimmberechtigten
Quote	Neuerdings meist verwendet im Zusammenhang mit dem prozentualen Anteil der Zuschauer bei einer bestimmten Fernsehsendung

R

Raster-fahndung	Verfahren der Polizei zur Recherche bei Datenbeständen, wobei nach Merkmalen gesucht wird, die möglicherweise auf eine gesuchte Person hindeuten
Refugium	Ort zum ruhigen Zurückziehen
Ratifikation, Ratifizierung	Verbindliche Erklärung des Abschlusses eines völkerrechtlichen Vertrags durch die Vertragsparteien
Reanimation	Wiederbelebung z.B. bei Atem- und Herzstillstand
Recherche	Ermittlung von Fakten
Redundant	Wenn etwas so ist, dann besteht es mehrfach, ist evtl. sogar überflüssig,
Referenz	Bezug /Verweis auf eine bereits vorhandene Instanz,
Relevant	Wichtig, für einen bestimmten Sachverhalt
Remission	Rückbildung (meist gemeint bei Verkleinerung eines Tumors)
Renitent	Widerspenstig

Repression	Unterdrückung, Zurückdrängung
Reputation	Ansehen, Ruf, den eine Person hat
Ressentiment	Starke Ablehnung gegen Personen oder Sachen
Ressourcen	Mittel zur Aufgabenwahrnehmung, wie vor allem Geld, Haushaltsmittel, Personal, Vorprodukte
Retardierung	Zeitliche Verzögerung eines Ablaufes
Retro-spektive	Rückblick (z.B. auf das Lebenswerk eines Künstlers)
Reverenz	(Wenn Sie sich anstrengen, wird man Ihnen die vielleicht auch erweisen): Große Ehrerbietung, Hochachtung gegenüber einer Person
Revision	Einen Sachverhalt erneut ansehen und überprüfen, wie z.B. ein Urteil oder einen früheren Vorgang
Rezension	Kritische Besprechungen eines Diskussionsbeitrages oder Buches
Rezession	Abklingende Konjunkturphase
Reziprok	Wechselseitig
Rien ne va plus	„Nichts geht mehr" / Z.B. beim Roulette, dass nun beim Setzen Schluss ist)
Roaming	Beim Mobilfunk ermöglicht dies, in einem fremden Mobilfunknetz erreichbar zu sein

S

Salomonisch	Besonders umsichtige Lösungen oder Urteile
Sans-Papiers	In der Illegalität lebende Personen, die keine Aufenthaltserlaubnis haben und meist als stark unterbezahlte Mitarbeiter in der Gastronomie in Frankreich arbeiten
Sarkasmus	(Hüten Sie sich vor Leuten, die hierüber verfügen): Beißender und verletzender Hohn und Spott
Saturiert	(Wer das ist, legt keinen Wert auf Stress): Mit allem versorgt und zufrieden mit sich und der Umwelt
Scout	Im übergeordneten Sinn ist dies ein Pfadfinder / Im Internet sind dies Anbieter von aktuellen Auflistungen, die in bestimmten Spezialbereichen recherchieren (wie z.B. Autoverkauf)
Scrollen	Das horizontale oder vertikale Verschieben von (meist) umfangreichen Internet-Seiten

Semantik	Lehre über die Bedeutung eines Wortes oder Satzes
Senil	(Gegenteil von rüstig und mit der „Weisheit des Alters" gesegnet): Altersschwach, gebrechlich aufgrund fortgeschrittenen Alters, oder auch drastisch benannt:„verkalkt"
Skype	Gratis erhältliche Software zur Datenübertragung von Bildern und Gesprächen
Signatur	Elektronische Unterschrift für E-Mails / Chatforen oder an E-Mails angehängte Texte
Signifikant	Statistisch eindeutig, bedeutsam,
situativ	Auf die jeweilige konkrete Situation bezogen, mithin nicht allgemeingültig
Smileys	Kleine Zeichenfolgen, die aussehen wie Gesichter und die im Internet Stimmungen und Gefühle ausdrücken.
Soirée	Abendveranstaltung
Solvent	Zahlungsfähig / Mit einem solventen Kunden kann man Geschäfte machen
Sommelier	Kenntnisreicher Weinkellner, der in einem Restaurant für die Wein-Beratung und Einkauf zuständig ist
Souverän	(So sollte man sich verhalten): Über den Dingen stehend - natürlich am besten durch Können und Erfahrung

Sozialisation	Einordnung und Prägung, die durch längeres soziales Lernen in Gruppen oder der Familie entsteht ,wobei dann die hier vorherrschenden Werte übernommen werden
Sozietät	Zusammenschluss von Mitgliedern Freier Berufe (z. B. Rechtsanwälte)
Spam	Internet-Jargon für massenweise verschickte Werbe-E-Mails mit fast immer ungewünschtem Inhalt
Sponsor	Mitfinanzierer, Geldgeber für ein Objekt oder eine Aktion
sporadisch	Gelegentlich
Staffage	Allgemein „Ausstaffierung", z.B. Figuren als Beiwerk in einem gemalten Bild oder Kleidung
Stalking	Manche Frauen sind hiervon bedroht: Nachstellung, Verfolgung, Belästigung von Personen
Stammzellen	Körpereigene oder embryonale Zellen, in einem sehr frühen
stante pede	Wörtlich: „Stehenden Fußes", also sofort und ohne Verzögerung
Status quo	Aktueller Zustand einer Situation
Stent	Maschendrahtartige Gefäßstütze, die z.B. bei Herzproblemen eingesetzt wird
Stereotyp	(Kein Typ, der sich ständig mit lauter Stereomusik volldröhnt): Gleich bleibendes, oft vorkommendes Muster

Stochastisch	Dem Zufall unterworfen, der sich mittels Wahrscheinlichkeitsrechnung evtl. eingrenzen lässt
Stresstest	Gesamtheit der Analysetechniken zur Überprüfung der Krisenfestigkeit von Kreditinstituten in nächster Zeit/(Wenn eine Bank diesen besteht, kann man beruhigt diese als Hausbank nehmen.)
Submarginal	Unter dem normalen Standard liegend
Subprime- Engagements	Anleiheprodukte mit erhöhtem Kreditrisiko
Subsidiär	Unterstützend
Subsidiarität	Gesellschaftspolitisches Prinzip: Übergeordnete Einheiten - wie der Staat - sollen nur solche Aufgaben übernehmen, die untergeordnete Einheiten (Gemeinden, Familie, Verbände) nicht übernehmen können
Subtil	Fein strukturiert, präzise
Subversiv	Zerstörend, umstürzerisch
Such- maschine	Diese ermöglicht die Stichwortsuche im World Wide Web.(www)
Sudoku	Kunstwort, Abkürzung für "Suji wa dokushin ni kagiru", was bedeutet "Die Zahl muss für sich stehen".
Suggestion	Beeinflussung

Suizid	Selbstmord
summa cum laude	Höchstes Lob, das selten bei Examen vergeben wird
summa summarum	alles zusammengerechnet, insgesamt.
Surrogat	Ersatz für einen Rohstoff
Symbiose	Zusammenleben von Organismen unterschiedlicher Art
Synapse	(Hiervon sollte man genügend haben, um keine Demenz zu erleiden): Kontaktelemente im Gehirn für die Reizübertragung
Synchroni-sieren	Gemeint ist das Übertragen von Daten zwischen zwei oder mehreren Geräten
Syndrom	Krankheitsbild mit mehreren Symptomen
Synergie	Zusammenwirken von Personen, Institutionen u.ä, die sich gegenseitig unterstützen, so dass als Ergebnis mehr entsteht als die Summe der einzelnen Faktoren
Synonym	Sinnverwandt, bzw. sinngleich
Synopse	Gegenüberstellung oder vergleichende Zusammenfassung gleichartiger Informationsbereiche

T

Tabu	Durch Tradition oder Gesetz verbotene Handlung oder Verhaltensweise
Tabula rasa	(Lateinisch: „unbeschriebenes Blatt"). Wenn man T.r. macht, dann möchte man „reinen Tisch" machen und alles Unerfreuliche zur Sprache bringen
Tacheles reden	Hier wird es meist ungemütlich, weil dann offen alle unerfreulichen Sachen auf den Tisch kommen
Talisman	"Glücksbringer, Maskottchen"(Um den Hals getragen sagt man Amulett und glaubt an eine gute Wirkung)
Taggen	Markieren z.B. von Dateien zum Anzeigen oder Downloaden
Tattoo	Durch kosmetische Farben auf die Haut aufgebrachter Körperschmuck
Tautologie	Bezeichnung für eine Sache mit mehreren gleichbedeutenden Worten, wie z.B. weißer Schimmel
Terminus /Terminologie	Begriff / Gesamtheit der Fachausdrücke eines Gebietes

Tête-à-tête	(Hiervon schwärmen Liebespärchen): Vertrauliche Zusammenkunft unter vier Augen und anderen Körperteilen, „Schäferstündchen"
Tetralogie	Folge von vier zusammengehörenden künstlerischen Werken
Thesaurus	(Hiermit können Sie Ihren Wortschatz ausweiten) Systematisch aufgebautes Verzeichnis von alternativen Begriffsbenennungen
Timbre	Charakteristische Klangqualitäten eines Instrumentes oder einer Stimme
Tiraden	Langer oft emotionaler Redeschwall
Tomograph	Bildgebendes Verfahren – vor allem in der Medizin - mit dem die räumliche Struktur eines Objektes durch Schichtaufnahmen erfasst wird und eine genauere Beurteilung ermöglicht
Topografie	Ortsbeschreibung, Erdoberfläche
touchieren	(Dies hat man nicht gern beim eigenen Auto): Berühren
Tour d`Horizon	Informativer Überblick (z.B. über die zur Diskussion stehenden Fragen)
Transfer / transferieren	Weiterleitung / weiterleiten
Trans- identität	Synonym für Transsexualität, bei der die Geschlechtsidentität vom Geburtsgeschlecht abweicht

Trial and Error	(Gute Methode für den Lernprozess): Lernen durch mögliche Fehler beim Versuchen und Ausprobieren
Triennale	Veranstaltung im 3-Jahresabstand (z.B. bei Filmfestivals)
Trilogie	Ein Werk (meist Buch), das aus 3 selbständigen Teilen besteht
Trimester	Studienzeitraum von 3 Monaten
Trojaner	Hat nichts mit dem historischen Hintergrund oder einer Ausgrabung zu tun. Es handelt sich um einen gefährlichen Virus im Internet.

U

Ultima ratio	Der - nach vernünftiger Überlegung - letzte Lösungsweg bei Problemen
utilitaristisch	Begriff aus der Philosophie: Eine Handlung wird als moralisch gut angesehen, wenn sie sich am Nutzen oder am Streben nach Glückseligkeit orientiert. Ein Mensch handelt "utilitaritisch", wenn er sein Tun am Nutzen orientiert.
Unisex	Für beide Geschlechter gültig
Unisono	Einklang, im Sinne von einstimmig
Urbani-sierung	Verstädterung der Bevölkerung
Urbi et Orbi	Segen des Papstes für die Stadt Rom und die ganze Welt
Usancen	Traditionelle Handlungsweisen, die , als verbindlich anerkannt werden
Usus	„Üblich, normal" / "Wenn etwas Usus ist, machen es fast alle, um kein Außenseiter zu sein

V

Vademekum	Ratgeber mit fachspezifischen Tipps
Vakant	Nicht besetzt (Z.B. ein Stelle in einem Unternehmen)
Validieren	Kontrollieren einer Eingabe und – wenn korrekt - für gültig erklären
Valoren	Wertpapier und Wertsachen im Bankverkehr
Valuta	Ausländische Zahlungsmittel, aber auch Zahlungstermin
Valutierung	Datum, ab dem ein Betrag verzinst oder die Verzinsung enden wird
Vabanque	Wenn man so spielt oder handelt, setzt man alles aufs Spiel.
Vernissage	Feierliche Eröffnung einer Kunstausstellung
Via	Synonym für „durch" oder „mittels"
Vice versa	„und umgekehrt"
Vintage	„Erlesene Ernte", d.h. es handelt sich um eine besondere Qualitätsstufe (Nicht nur bei Weinen, sondern auch bei anderen Produkten)

Virtuell	Nur gedacht, mithin der Möglichkeit oder Vorstellung nach vorhanden (Im Computerjargon ist soviel wie ein vom Rechner erzeugtes Surrogat (Ersatz) oder Simulation gemeint)
Virtuelles Postfach	Hiermit meint man einen Internet-„Briefkasten", bei dem Informationen und elektronische Dokumente bereitgestellt werden können.
virulent	Krankheitserregend
Vis-à-vis	Gut wenn man eine angenehme Person in der Nähe hat: Gegenüber
Visuell	Mit den Augen zu erkennen
Vita	Leben, Lebensdauer / Bei einer Bewerbung werden z.B. Details aus der bisherigen Vita verlangt
Volatil	Ausgangslage für den Begriff sind die flatterhaften Bewegungen eines Vogels beim Fliegen. Eine volatile Situation zeigt eine große Schwankungsbreite.. Das kann bei Kursentwicklungen, aber auch beim Verhalten von Personen eintreten.
Votieren	Abstimmen
Voyeur	(So einem möchten Liebespaare den Hals umdrehen): Beobachter beim Liebesspiel

XYZ

Xenophobie	Fremdenfeindlichkeit
Zerebral	Das Gehirn betreffend
Zertifikat	Bescheinigung über den aktuellen Zustand einer Sache oder eines Systems nach positiver Prüfung durch eine qualifizierte unabhängige Instanz
Zionismus	Bestrebungen seit Ende des 19. Jahrhunderts, die nationale Existenz des jüdischen Volkes in einem eigenen Staat mit politischen Mitteln zu entwickeln und sicherzustellen
Zykloid	So bezeichnet man eine wechselhafte Gemütslage

Alltag im Denglischstress

Animiert vielleicht durch Flyer, Mailings oder ein Attachment in Printmedien - können Sie beim Shopping - z.B. nachdem Sie gechillt haben - eine Top-Performance erwarten. Vielleicht finden Sie bei der Suche nach New fashion einen Eye-catcher „Sale".Check it und generieren Sie Ihre Coolness. Wir leben alle in einem Environment, das mit Wordings konfrontiert ist, die nicht home made sind. Leider müssen Sie durch den Bottleneck des Learning by doing hindurch. Take it easy, aber meiden Sie face news und achten mehr auf trending Topics!

Einige Live-Beispiele:
Bei Stellenanzeigen werden z.B. Key Account Manager für den Customer Service gesucht. Diese sollen sich bei der Abteilung Human Resources melden, um evtl. in einem Assessment Center durch ein Casting mit Ranking ihre Power und Skills nach einer ultimativen Agenda für Challenges zu outen. Die Performance wird gecheckt und

in einem Multiple-choice-Verfahren eingescannt.

Man muss darauf achten, keinen Blackout nach dem Boarding zu haben und sich final nicht als Flop zu desavouieren. Ansonsten sollte man additiv am besten noch einen Bonustrack zulegen. Vielleicht ist man last, but not least auch nur für das Back Office und Desk Research zu gebrauchen.

Nach dem ganzen Procedere kann man chillen oder sich einen Coach oder Consulter engagieren, die im Face-to-face-Talk den wahren mentalen Core ertasten. Um nicht immer Loser zu bleiben sind auch Connections durchaus eine Lösung. Last Hipp sind auch - zum mentalen Upswing - Designer food und ein gutes Feeling, um jedes Adventure zu toppen.

Schauen Sie sich Ihr Daily envirenment einmal an: Sie werden mit viel Bullshit durch Mailings und Flyers und von Call-centers angebotenen Events mega überhäuft, was Ihr Limit übersteigt und evtl. zu einem Burnout führen kann. Überall in den Medien, wie Television, Papers oder im Internet – finden Sie

Reklame für Blockbusters und Global Players, damit Sie deren Corporate Identity erfassen. Sie brauchen nicht unbedingt hinzusehen, denn die nichts sagenden Messages der creativen Eggheads und Art Directors können Ihr mentales Equipment und Ihre Skills nicht bereichern. Da nutzt auch Brainwashing nichts. Überflutet werden Sie z.B. mit weltbewegenden Aussagen wie

- *We try harder*
- *Tune your run*
- *Explore the city limits*
- *Inspire the next*
- *Open your mind*

Betrachten Sie es als Challenge zum Survival training und bleiben Sie cool.

Tipps in Multisprache

Einkaufsbummel in der City

Für ein optimales Procedere bei Ihrem designierten Einkaufsbummel präparieren Sie sich am besten durch eine ABC-Analyse, die eine Selektion Ihrer oft divergierenden Präferenzen generiert. Kontraproduktiv wäre dagegen eine Laissez-faire Attitüde, denn hier könnte in einer finalen Bonus-Malus-Analyse konstatiert werden, dass Sie sich von Medien und den vielen Flyers und Sales-Angeboten permanent usurpieren ließen. Dies hätte dann auch Konsequenzen für Ihren pekuniären Status quo.
Bonustipp: Exponieren Sie das Premiumsegment aus ihrer Einkaufsagenda und ignorieren den marginalen Rest !

Lassen Sie uns in medias res gehen: Nutzen Sie für den Transfer in die City ökologisch sinnvolle Carrier, wie z.B. das Pedaltaxi, das keine Emissionen hat und den CO_2-Wert nicht negiert.

Schauen Sie auf die Offerten der Discounter und seien Sie vorsichtig bei den mit „Sale" markierten last Hits, die nicht selten marginale Falsifikate von Unternehmen. exzessiv visualisieren. Der Diskont ist nicht unbedingt äquivalent mit dem Benefit, den Sie im Fokus haben sollten. Seien Sie à jour über alle Produkte, die en vogue sind. Trennen Sie sich stante pede von abstrusen und obskuren Novitäten, die meist auch ein Affront gegen den common sense sind und nicht selten nur den Cash-flow und EBIT der Multis alimentieren. Ein gesunder Attentismus statt Ad-hoc-Käufen bewahrt Sie vor Hypertonie und vorzeitiger Erosion oder gar einem GAU Ihrer Valuta. Bleiben Sie lieber ante portas bei ominösen Profitsellern.

Verhandeln Sie konsequent – sogar bei ultimativen XXL-Dessous – und demonstrieren Ihre eloquenten Softskills. Eine devote oder distinguierte Attitüde gegenüber den Shop-Managern oder dem CEO ist nicht indiziert und darf definitiv kein Dogma sein.

Zahlen Sie am besten mit Prepaid cards, damit Sie pekuniär nicht in die Bredouille kommen oder gar Defizite aufweisen.

Wenn Sie als Fazit ohne Lamento mit dem akquirierten Konvolut in ihren Plastiktaschen zufrieden sind, nehmen Sie sich einen Coffee to go oder Eau de vie, manipulieren ihren Navi in Richtung Ihres Refugiums und konstatieren dann saturiert, dass Sie durch ihr TQM effizient zum BIP der EU beigetragen haben.

Tipps für eine amouröse Essenseinladung

Wenn Sie als maskuliner Hoffnungsträger Ihre Flirtpartnerin zum Dinner einladen, seien Sie kein Dilettant und sorgen Sie für ein pittoreskes Ambiente. Ein Fauxpas kann hier schnell zu einem Flop führen und kausaler Background dafür sein, dass Ihre Partnerin stante pede adieu sagt und ihre amourösen Intentionen damit im Off liegen. Suchen Sie am besten ein adäquates Ristorante mit Topranking und high-tech Air condition aus Nach einem Aperitif sollte sie hervorragende Hors-d`oevres ordern und sich vom Sommelier beraten lassen, der Ihnen einen extraordinären Chateau offerieren wird - am besten einen Grand cru. Die Menuefolge sollte summa cum laude sein. Demonstrieren Sie Ihre Präferenz für Haute Cuisine und eruieren Sie die Ambition Ihres Gastes.

Den Gesprächsverlauf werden Sie authentisch durch Aphorismen und Aperçus anreichern. Vermeiden Sie in epischer Breite egozentrische Interpretationen über den Basiszinssatz, den Tec-Dax oder die elektronische Steuerklärung Elster, denn dann werden Sie den Break-even-Point in der interaktiven Harmonie nicht erreichen. Als Frau sollte man keinesfalls Haute Couture tragen, was auch das pekuniäre Limit exorbitant ins Off bringen würde. Indiziert ist aber Distanz zu einer Prête- à- porter-Staffage. Durchaus angesagt ist aber alternativ ein Outfit nach dem Dernier cri mit einigen Applikationen, die en vogue sind. Als Mann outen Sie sich nicht als Beau oder Parvenu. Zeigen Sie auch keine Anzeichen von Chauvinismus, aber haben

Sie die Chuzpe, etwas Innovatives zu zeigen und evtl. als temporärer Comedian ad hoc Stimmung zu generieren. Auch schadet es nicht, sich en passant als eloquenter Connaisseur für Art nouveau und die Avantgarde zu zeigen. Offerieren Sie eloquent, aber dezent, ihren Wissenslevel durch coole Implementierung von fachspezifischen Synonymen und Kürzungen, wie WHO, Xetra, BIP und BNichtrSchG. Kehren Sie auch ihre emotionale Intelligenz heraus und zeigen profunde Empathie für die psychischen Imponderabilien im sozialen Umfeld und die eskalierenden Querelen innerhalb der AWO.

Last but not least achten Sie auf eine Diversifikation der Themen und vermeiden Sie Diskrepanzen in der verbalen Kommunikation. Legen Sie ihren Fokus auf einen dualen Konsens, so dass sich rasch ein „Entre nous- Gefühl" einstellt. Recherchieren Sie iterativ den mentalen Background ihres Gegenübers. Bleiben Sie aber Opinion Leader. Als Resultat wollen sie *doch, dass sich ihr Einladungsengagement optimal amortisiert.*

Die pekuniäre Seite regeln sie souverän und diskret (Nicht laut rufen „Ober, die Rechnung"). Bei einem Dissens monieren Sie nicht lauthals und bleiben Sie signifikant cool, denn sonst desavouieren Sie sich und es kommt der Verdacht auf, Sie seien nicht solvent und illiquide oder lebten von der Stütze. Lassen Sie einen möglichen Disput über die Abrechnung nicht zu einer Kakophonie ausarten.

Danach können Sie alles versuchen, damit es nicht später nur zu einer In-vitro-Fertilisation kommen muss. Als Fazit zu konstatieren „Rien ne va plus" wäre de facto eine Indikation dafür, dass Ihr Procedere submarginal war und summa summarum für Sie keine Dividende brachte.

Autor

Heinz C. Pütz ist Autor diverser Publikationen. Nach seinem Wirtschaftsstudium an der Uni Köln war er u.a als Autor und Herausgeber von Fachbüchern, Dozent, und im Vorstand eines Kreditmanagementverbandes tätig.

Mit wachsendem Interesse hat er sich nach seiner Pensionierung in den letzten Jahren mit Themen des Alltags befasst. Vor allem gehören dazu Humor und Sprache. Genannt seien als Auswahl die Bücher „Krank mit Humor", „Alt mit Humor" „Köln für Junggebliebene" und Henrys Seniorenwitze.

Das vorliegende Buch ist eine Aktualisierung und Zusammenfügung seiner beiden Bücher „Anglizismen deutsch erklärt" und „Unklare Begriffe klar erklärt".

Weitere aktuelle Bücher: „Fachbegriffe im Alltag - klar erklärt" und „Geld und Humor"

Buchempfehlungen

VERLAG: BOD - BOOKS ON DEMAND, NORDERSTEDT